LEÇONS

DE

DROIT SOCIAL NATUREL

DONNÉES

A LA CONFÉRENCE DES ÉTUDES SOCIOLOGIQUES

DU MÊME AUTEUR :

Système rationnel des sciences expérimentales. (1891). Prix.................... **1 fr. 50**

Le Militarisme. — Etude de physiologie sociale sur le système de la nation armée. (*En préparation.*)

LEÇONS

DE

DROIT SOCIAL NATUREL

DONNÉES

A LA CONFÉRENCE DES ÉTUDES SOCIOLOGIQUES

PAR

Le Dr Ed. TARDIF, d'Aix

DELHOMME & BRIGUET, ÉDITEURS

PARIS
13, rue de l'Abbaye, 13

LYON
3, Avenue de l'Archevêché, 3

1894

AVERTISSEMENT

La plupart des auteurs qui traitent les questions sociales s'attachent surtout à l'étude des détails, en se basant sur l'observation expérimentale et la statistique. Il me paraît que, faute de remonter aux premiers principes, leurs écrits ne peuvent donner que des notions très superficielles et très décousues. On peut en juger d'ailleurs par les articles des revues et des journaux : on y trouve souvent une grande érudition, mais presque toujours une profonde ignorance de la science même du droit.

C'est pourquoi, lorsqu'à la demande de quelques étudiants d'Aix, j'entrepris le présent cours de droit social naturel, je crus le rendre plus utile et plus intéressant en lui donnant un plan méthodique d'une logique serrée et une forme très didactique; je limitais aussi le champ de nos études à la philosophie du droit.

Un succès toujours grandissant m'a montré que j'avais suivi une bonne méthode.

Mes auditeurs se passionnèrent à l'étude des questions que je posai devant eux ; des discussions animées suivirent chaque conférence et la plupart des objections que j'ai résolues dans mes leçons me furent proposées par ceux mêmes qui m'écoutaient.

Des étudiants en droit, en philosophie, en littérature, des professeurs ont suivi mon cours ; ils n'avaient certes pas tous la même opinion que la mienne et s'ils étaient mes amis personnels, ils n'étaient pas, tant s'en faut, les amis des doctrines que je leur exposais. Néanmoins je dois à leur bon esprit et à mon impartialité cette justice de reconnaître que, dans les discussions même les plus vives, nous n'avons jamais échangé une seule parole blessante.

Aussi je publie mes leçons dans un double but : 1º pour donner à tous un exposé court, clair et précis, autant que possible, des principes du droit social ; 2º pour montrer à mes confrères dans le sacerdoce quel est le genre d'enseignement qui pourra leur gagner l'attention, le respect et même l'affection de la jeunesse qui pense librement.

LE DROIT SOCIAL

1re LEÇON

NOTIONS GÉNÉRALES SUR LE DROIT.

On est dans l'usage de désigner sous le nom
de droit l'ensemble des diverses lois qui régis-
sent la société. C'est dans ce sens que l'on dit
de ceux qui s'appliquent à l'étude des lois pour
en user plus tard dans la pratique : ils font leur
droit. Mais ce sens est un sens dérivé : les lois
ne sont pas le droit, si l'on veut parler avec une
exactitude rigoureuse ; les lois fondent le droit
et ne peuvent donc être désignées sous ce nom
que dans un sens purement effectif. Ainsi la

médecine est, à proprement parler, le remède, mais ce mot désigne aussi par dérivation l'art d'employer les remèdes à propos.

Le mot « *droit* » a encore un autre sens dérivé et objectif. L'objet du droit est aussi appelé droit. Ainsi un créancier, en exigeant une somme qui lui est due, dit qu'il veut se faire rendre son droit.

Mais dans son sens originaire, strict et formel, le mot « droit » désigne quelque chose de subjectif.

Le droit est le pouvoir moral, légitime et inviolable de faire, d'obtenir ou d'exiger.

Je dis d'abord que le droit est un pouvoir moral, c'est-à-dire que pour avoir un droit véritable il faut que le sujet soit capable de moralité. S'il y a des lois telles que la loi Grammont qui protègent les animaux, elles ne constituent pas un droit pour eux, mais elles ont un but soit utilitaire, soit moralisateur qui se rapporte au bien général de la société et à la dignité de l'homme. Des actes de cruauté, par exemple, à l'égard des animaux, sont indignes d'un être moral. C'est donc la personne seule

qui, en tant qu'intelligente et libre, est le sujet
capable d'avoir ce pouvoir appelé « *le droit* ».

Les métaphysiciens définissent la personne
« *substantia quæ est perfecte subsistens, sui juris
et alteri incommunicabilis* ». Cette notion méta-
physique qui dénote l'indépendance intrinsèque
de la personne est parfaitement d'accord avec
celle que nous venons de donner du droit. Le
droit est un pouvoir moral intrinsèquement
indépendant. Il peut être régi par des lois, il
peut être violé par la force; mais cette dépendance est extrinsèque. En présence des lois
injustes et de la violence le pouvoir moral
demeure. Vous violez mon domicile, par exemple; mais c'est mon droit qui demeure et qui
fait de vous un violateur.

La personne est « *sui juris et alteri incommunicabilis* ». Cette vérité était méconnue en ce
qui concerne les esclaves par la loi romaine.
L'esclave n'avait pas même le droit de sa personnalité, il était la chose du maître. C'est le
christianisme qui a rétabli dans la jurisprudence l'indépendance intrinsèque de la personne
et proclamé le premier par l'abolition de l'es-

1.

clavage les droits de l'homme si exaltés par la
révolution.

Chose étrange : la loi romaine qui avilissait
l'esclave, accordait un droit aux animaux !
Rosmini nous a expliqué cette anomalie : d'une
part, l'égoïsme très développé dans la société
romaine exagérait le principe de la sociabilité
en faisant du serviteur comme une chose qui
appartenait totalement au maître, d'autre part,
le sensualisme mettait la brute au niveau de
l'homme, dès lors qu'il s'était laissé abaisser
jusqu'à elle.

Il est certain que l'homme, à raison de sa
nature intelligente et libre jouit de certains droits
indépendamment de tout milieu social ; mais il
est certain aussi qu'il ne peut acquérir la pléni-
tude de ses droits qu'en vivant en société avec
ses semblables. Il nous faut donc dès maintenant
distinguer le droit individuel et le droit social.
L'un comme l'autre est un pouvoir moral.

J'ai dit en second lieu que le droit est un
pouvoir légitime, c'est-à-dire fondé, déterminé
et fixé par la loi. Le droit dépend donc extrin-
sèquement de la loi.

On nomme droit naturel celui qui est fondé sur la nature même des choses et proclamé par la raison ; le droit des gens diffère du droit naturel en ce que la raison ne le proclame qu'en le basant sur un fait d'expérience. La raison dit d'après la nature des choses que l'homme a le droit de vivre pacifiquement ; mais c'est l'expérience qui lui apprend que le partage de la propriété est nécessaire pour maintenir la paix entre les peuples et les individus.

Il y a encore le droit positif divin proclamé par une révélation surnaturelle ; le droit civil fondé par les lois du pouvoir séculier ; le droit ecclésiastique ou canonique fondé par les lois du pouvoir religieux.

Quoiqu'il en soit de ces divers droits, ils ne seraient des pouvoirs véritablement moraux s'ils dépendaient de l'arbitraire. Il faut donc admettre un droit fondamental, essentiel, immuable comme l'essence des choses. Ce droit existe dans la pensée créatrice ; c'est le droit éternel. Le droit naturel est donc la promulgation rationnelle du droit éternel, et par

conséquent la loi positive ne doit jamais être
en opposition avec le droit naturel, soit individuel, soit social. Toute loi qui est en opposition avec le droit naturel n'est plus qu'un
moyen de violence ; la force prime le droit;
mais le droit demeure intrinsèquement inviolable.

2ᵉ LEÇON

Il existe un droit social ; mais ce droit peut appartenir, soit à la collectivité des individus qui pour lors constitue une personne morale, la société, soit aux individus pris séparément, mais comme faisant partie de la société. De là la distinction du droit public et du droit privé.

Selon les juristes le droit public est l'ensemble des lois qui déterminent les droits et les devoirs de la société parfaite ; le droit privé est l'ensemble des lois que la société parfaite propose et constitue pour le gouvernement de ses membres, c'est-à-dire pour les conduire à la fin propre de la société.

S'il existe un droit social ; il doit exister aussi son corrélatif, le devoir social. En effet, si j'ai le pouvoir moral et légitime d'obtenir telle chose, celui qui en est détenteur a le devoir de me la donner. L'école des de Mun et des Harmel, pensant que tous les maux de la société moderne proviennent de l'oubli du devoir social dans la classe dirigeante et dans la classe ouvrière, s'efforce à réagir par ses enseignements et par ses œuvres contre cette indifférence.

Après avoir expliqué ce qu'est le droit social, il nous faut chercher si c'est le fait de la nature, qui tend à rapprocher l'homme de son semblable.

S'il est un droit que la nature a incontestablement accordé à l'homme c'est celui de perpétuer sa race; il en est un autre qui est proclamé par une inclination instinctive : c'est celui de rechercher dans une amitié permanente une âme à laquelle on confiera ses peines, ses douleurs, ses soucis et même ses joies. Qu'un homme soit élevé dans l'espace, qu'il contemple les merveilles du monde; ce sera, selon la pensée de Cicéron, un supplice s'il n'a près de lui un ami auquel il puisse confier ses sentiments d'admiration.

Je ne parlerai pas de cette inclination physiologique qui rapproche les sexes, mais je
dirai que le droit de conserver sa race et celui
d'avoir une compagnie domestique sont pour
l'homme deux droits sociaux naturels, parce
qu'il est évident qu'il ne peut en jouir sans cette
société qui est fondée par le mariage.

Il ne s'agit pas encore d'examiner si le
mariage doit être un et indissoluble ; mais seulement de bien établir ce qui distingue le
mariage de toute autre union.

Le mariage est une union mutuellement
consentie entre l'homme et la femme, union qui
produit une communauté de vie permanente et
individuelle. C'est la définition donnée par le
droit romain.

Je dis d'abord que c'est une union, c'est-à-dire
le concours de plusieurs dans un but commun,
soit qu'il s'agisse de conserver la race, soit que
l'on veuille se créer une compagnie domestique.

Cette union doit être mutuellement consentie.
Tel homme n'est pas nécessairement lié à telle
femme. Donc le mariage est un contrat qui doit

procéder d'un libre consentement. Sans le consentement de part et d'autre, il n'y a pas de
mariage. Il faut en conséquence que les parties
soient aptes à consentir. Le défaut de consentement ou d'aptitude au consentement entraîne la
nullité du mariage. L'Église catholique a quelquefois pour de tels motifs prononcé la nullité
de certains mariages. On ne peut en conclure
qu'elle a autorisé le divorce ; le divorce suppose
en effet un mariage déjà existant et valide ; il
n'en est pas de même du jugement en nullité.

Je distingue le mariage de tout autre union
librement consentie en disant qu'il produit une
communauté de vie permanente et individuelle.
En effet, bien que chaque époux conserve sa
personnalité propre et incommunicable : dans
les choses qui comportent leur concours simultané, savoir la conservation de la race et la vie
domestique, il résulte de leur union une personne morale qui a elle aussi son droit propre
et incommunicable; c'est la société domestique,
la famille.

Deux conséquences découlent de cette notion
du mariage : 1° Le mariage constitue une union

des plus intimes et des plus puissantes, puisqu'il en surgit une personne morale ; 2° cette union n'obtiendra sa perfection naturelle que si elle est le fait d'un amour amical et rationnel.

On distingue deux sortes d'amour : l'amour de concupiscence et l'amour d'amitié. L'amour de concupiscence est égoïste: il n'attire un être vers un autre que parce qu'il trouve en lui un bien ou un plaisir ; l'amour d'amitié est plus noble ; il est constitué par trois éléments : l'amour, l'amour en retour et une mutuelle communication des biens, qui en résulte.

Il est facile de déduire de ces principes les conclusions pratiques qui en découlent au point de vue du choix d'une épouse ou d'un époux et d'expliquer aussi pourquoi à notre époque il y a tant de mariages malheureux.

3ᵉ LEÇON

LÉGITIMITÉ DU MARIAGE.

Trois buts peuvent rapprocher les époux : ou bien ils se proposent en se mariant d'avoir et d'élever des enfants; ou bien ils recherchent les avantages de la vie commune ; ou bien ils veulent par un usage légitime porter remède à l'ardeur de leur sexe.

Mais il est évident que l'auteur de la nature a subordonné ces deux derniers buts au premier. En rapprochant les sexes par le sentiment de la sociabilité et par la concupiscence génésiaque la nature poursuit la procréation de la race, en telle sorte que celle-ci est la fin primaire du mariage : la vie domestique n'est donc qu'une fin secondaire bien que réelle.

La race, la progéniture, l'enfant, sera donc

le grand principe de toutes les thèses que nous aurons à soutenir sur le mariage; les autres principes que nous invoquerons ne viendront se grouper que subsidiairement autour de celui-ci.

Mais remarquons déjà que la progéniture humaine ne naît pas avec le plein développement de ses facultés; l'homme naît enfant; il doit être nourri et élevé par d'autres que par lui et ce fait donne une importance capitale et une extension considérable au principe que nous venons de formuler.

C'est une chose incroyable à concevoir, mais cependant ayant la certitude d'un fait historique, il y a eu un système philosophico-religieux qui a nié la légitimité du mariage et soutenu que la procréation de la race était une œuvre immorale.

Un jour Archélaüs, évêque de Carres en Mésopotamie, reçut d'un nommé Manès une lettre dans laquelle ce seigneur Syrien s'annonçait comme un nouveau prophète et insinuait en parlant de la vierge Marie la doctrine étrange dont nous parlons.

Le manichéisme eut de nombreux sectateurs; il en eut même de célèbres : Saint Augustin fut de ce nombre, et après sa conversion il écrivit un livre sur la doctrine et les mœurs des manichéens.

« Il y fait voir combien cette morale de Manès était absurde et incohérente, et qu'après tout aucun d'eux ne l'observait. Les manichéens demandaient : d'où vient le mal? Saint Augustin leur répond par une question préliminaire. Qu'est-ce que le mal? Au lieu de ré[j]ondre avec les catholiques que c'est un défaut, une défection du bien, eux soutenaient que c'était une substance, et par suite, qu'il y avait deux principes, l'un bon, l'autre mauvais: que par suite du combat entre les deux, les âmes raisonnables, parcelles de la substance divine du bon principe, étaient emprisonnées dans le corps des animaux et des plantes, particulièrement dans leurs semences ; que pour les manichéens parfaits ou élus, la vertu, le mérite, la sainteté consistaient à dégager ces parcelles divines par la digestion. La conséquence naturelle était que ces élus devaient manger de tout et sans cesse afin de délivrer par le travail de leur estomac un plus grand nombre d'âme... Mais les manichéens faisaient à ce sujet une foule de distinctions absurdes et contradictoires. Ainsi, le vin étant le fiel du mauvais principe, ils n'en buvaient point dans un état commun : mais ils buvaient du vin cuit et mangeaient du raisin. C'était un crime de cueillir soi-même une figue, une pomme; mais c'était une vertu de la manger, cueillie par un autre.

Ils permettaient le mariage à leurs auditeurs, à condition qu'ils éviteraient la génération des enfants, de peur d'emprisonner les âmes dans la chair, c'est-à-dire qu'ils permettaient non pas le mariage, mais la débauche. Par ce seul point on peut juger de toute leur morale. Aussi saint Augustin proteste que, pendant les neuf ans qu'il fut parmi eux et qu'il les observa de près, il ne trouva pas un seul de leurs élus exempt de crime ou de soupçon » (Rohbacher, tome III, p. 310, livre XXXVIe.)

« La physique des manichéens n'était pas plus sensée que leur théologie. C'est un géant

qui porte la terre sur ses épaules ; lorsque la
terre tremble, c'est que, pour se soulager, il la
transporte d'une épaule à l'autre. Le zodiaque
est une roue de douze baquets pour transvaser
les âmes des mourants, de la terre dans la lune
et de la lune dans le soleil. La lune est pleine
lorsqu'elle est pleine d'âmes ; elle décroît, à
mesure qu'elle s'en vide dans l'orbite solaire.
Les nuages sont la mauvaise humeur d'un
prince aérien, la pluie en est la sueur. A la
mort, les âmes, pour se purifier, passent dans
des corps de bêtes et de plantes. Celui qui tue
un animal doit être changé au même animal ;
celui qui arrache ou coupe une herbe doit être
changé en la même herbe. Ils ne laissaient pas
d'en manger quand d'autres les avaient cueillies.
Quand donc on donnait un pain à un mani-
chéen, il disait : retirez-vous un peu que je
fasse ma bénédiction. Alors il prenait le pain
et disait : je ne t'ai pas fait, et le jetait en haut
maudissant celui qui l'avait fait. Puis il ajou-
tait : je ne t'ai pas semé, que celui qui t'a semé
soit semé lui-même. Je ne t'ai pas moissonné ;
que celui qui t'a moissonné soit moissonné lui-

même. Je ne t'ai pas fait cuire; que celui qui t'a cuit soit cuit lui-même. Après cette protestation il en mangeait en sûreté » (Robacher, tome II, page 572, livre XXIX.)

Je ne cite qu'à titre de curiosité et pour montrer à quelles extravagances doctrinales les manichéens avaient uni leur thèse de l'illégitimité de l'union matrimoniale.

C'est la nature elle-même qui en inclinant au mariage répond au manichéisme. La nature tend toujours à la perfection des êtres. La nature d'un être n'est autre que son essence considérée comme principe d'opération; cette opération doit donc être selon le perfectionnement de l'essence. La nature en général, c'est-à-dire l'ensemble de tous les êtres opérant selon leurs essences, suit la même loi. Les scolastiques ont donc avec raison formulé ces deux principes: *natura semper facit melius quod potest; natura est amans entis.*

S'il s'agit maintenant d'un être naturellement libre, ce principe sera encore vrai ; ce qui sera métaphysiquement bon, le sera aussi moralement, pourvu que le sujet n'abuse pas de son inclination naturelle, contrairement aux lois de la morale.

Ce principe posé je dis : Cela est légitime et honnête que la nature se propose et qui est pour l'homme le terme d'une inclination naturelle.

Or, c'est un fait d'expérience et un corollaire de la notion du mariage, que par cette union la nature se propose la conservation de la race et que le mariage est pour l'homme le terme d'une inclination naturelle.

Donc le mariage est légitime et honnête. Donc le mariage constitue un droit naturel, un pouvoir moral. C'est ce qu'il fallait démontrer.

4e LEÇON

LIBERTÉ DU MARIAGE.

Toute personne apte à se marier a le droit de se marier; mais le mariage est-il aussi un devoir, une obligation pour tout individu.

Certains physiologistes, des hommes politiques et des économistes l'affirment.

Ce cours ne s'adressant pas aux premiers, nous ne répondrons qu'aux politiques et aux économistes.

Nous devons d'abord faire deux remarques préliminaires.

Nous n'envisageons pas la question à un point de vue abstrait et chimérique : nous admettons en effet que dans le principe, lorsque le nombre des individus était très res- treint, le mariage pouvait s'imposer comme

2

une obligation morale ; il en serait de même
si la race humaine se trouvait réduite à quelques sujets seulement. Mais ce cas est chimérique ; nous devons examiner la question
à un point de vue plus positif. Le mariage est-
il obligatoire dans les conditions sociales
actuelles, c'est-à-dire lorsque le monde est suffisamment peuplé ?

Observons en second lieu que les lois de la
nature peuvent avoir pour but, soit le bien de
l'individu, soit le bien de la collectivité. La loi
qui vise le bien de l'individu s'impose nécessairement à tout individu d'une manière déterminée ; mais il n'en est pas de même de la loi
qui vise le bien de la collectivité. En effet, le
bien de la collectivité ne résulte que du concours de plusieurs agents dont les diverses
fonctions sont quelquefois incompatibles entre
elles et qui le plus souvent sont d'autant mieux
remplies qu'elles sont plus spécialisées. Ainsi
le savant pourra d'autant plus facilement progresser dans ses études et ses découvertes
qu'il sera moins distrait par les travaux
manuels. Il est donc évident que la loi natu-

relle qui vise le bien de la collectivité n'oblige
pas tous les individus d'une manière déterminée.

Ceci posé je dis : Cela n'est pas obligatoire
pour tout individu qui se rapporte directement non au bien de l'individu, mais à celui de
la multitude, de l'espèce, de la race, de la
société.

Or, tel est le mariage.

Donc il n'est pas obligatoire pour tout individu.

Si le mariage était obligatoire pour tous,
parce qu'il est nécessaire au bien de la collectivité, on devrait en dire autant de l'agriculture ; car dans une société surtout civilisée, le
genre humain périrait par la faim sans la
pratique de cet art. Une telle absurdité nous
oblige à conclure :

1° Que le mariage ne peut devenir un devoir
individuel que dans le cas où la race humaine
serait sur le point de périr sans l'union des
derniers couples existant ; 2° qu'en dehors de
ce cas le droit humain ne peut contraindre tel
individu au mariage, sous ce prétexte que le

célibat est opposé à la conservation de la race ; 3° que toute loi exceptionnelle et tellement motivée contre les célibataires est attentatoire aux droits de l'homme.

Je dis enfin que le mariage n'est pas obligatoire pour tout individu, parce que le célibat est utile non seulement à l'individu, mais encore à la société. Il est même plus noble que le mariage.

Je n'examine pas le célibat au point de vue religieux, bien que ce soit surtout de ce principe que je puisse tirer une preuve rigoureuse de sa noblesse et de son utilité. Je craindrais en me plaçant sur ce terrain de m'écarter du programme de notre cours de droit naturel social.

Je suis d'abord obligé de convenir que la plupart des preuves apportées par les auteurs ne démontrent pas ma thèse d'une manière absolue.

Sans doute, les soins d'une famille et les devoirs qu'elle impose peuvent causer quelques embarras à celui qui veut s'élever dans la science par une étude continue ; sans doute il est des vertus morales telle que la chasteté qui

deviennent plus difficiles à conserver ou à acquérir dans l'état de mariage, que dans un célibat
chaste. Cependant je suis obligé de convenir
qu'il y a des pères de famille, des époux qui
savent s'élever par la science et par des vertus
modèles tout en accomplissant leurs devoirs
domestiques.

Au point de vue social, nous trouvons des
époux et des pères de familles qui ont su se rendre utiles à leurs semblables par leur science,
par leur sagacité dans le confectionnement et
l'interprétation des lois, et par des vertus
exceptionnelles.

Donc, soit au point de vue individuel,
soit au point de vue social, le célibat peut être
utile relativement aux circonstances, mais cette
utilité n'est pas absolument démontrée, en se
basant uniquement sur les preuves que je viens
d'apporter.

Mais là où le célibat se montre d'une utilité
absolue et même d'une certaine nécessité c'est
lorsqu'il s'agit d'une institution sociale de
dévoucments exceptionnels. Le civilisateur qui
va éclairer les peuples barbares ; le conseiller

2.

qui a pour mission de rétablir le calme dans les
consciences et d'arracher au vice ses victimes;
le garde-malade qui soigne le contagieux aban-
donné ; le ministre qui vient nous préparer à
mourir ne seront vraiment à la hauteur de leurs
fonctions que s'ils sont chastes et célibataires.

Le célibat que je soutiens n'est donc pas celui
de l'égoïsme et de la débauche : « *Melior est vita
soluta quam ligata, ligata quam dissoluta.* » Le
mariage est plus noble qu'un célibat dissolu.
Mais je dis avec Théophraste et saint Thomas :
qu'il est utile pour un sage de vivre céliba-
taire.

5ᵉ LEÇON

·

LE CÉLIBAT, LA POLYANDRIE, LA POLYGAMIE,

Plusieurs difficultés ont été opposées à la thèse que nous avons soutenue dans la leçon précédente.

On a dit : Cela est contraire au droit naturel, qui oblitère certains sentiments naturels. Or le célibat oblitère le sentiment familial. Donc le célibat est contraire au droit naturel.

Je distingue la majeure de l'argument. Si le sentiment naturel est pour le bien de l'individu, il peut être contraire au droit naturel de l'oblitérer pour développer d'autres sentiments ; mais si ce sentiment est pour le bien de la collectivité il n'est pas, toujours au moins, contraire au droit naturel de l'oblitérer dans quelques-uns afin d'obtenir d'autres sentiments également utiles au bien de la collectivité. Or le sentiment familial, ainsi que nous l'avons déjà démontré, est donné à l'homme pour le bien de la collectivité.

Quant à la mineure, je la nie : le célibat produit dans les cas que nous avons signalés les sentiments de la paternité et de la maternité spirituelles, sentiments plus nobles et bien plus profonds qu'on ne le croit communément.

Les politiciens et les économistes disent encore : Le bien général doit plutôt être l'objet d'un précepte que le bien particulier. Or, le mariage vise le bien général et le célibat vise le bien particulier. Donc, si ce qui concerne le bien de l'individu peut êt e l'objet d'un précepte, à plus forte raison le mariage qui vise le bien général.

Dans ce raisonnement sophistique et mal construit je distingue la majeure. Le bien général doit être l'objet d'un précepte, pour la collectivité, je l'accorde, car c'est elle qui est le sujet du bien général. Mais en est-il de même pour l'individu ? Je distingue encore : j'accorde que ce précepte atteint les individus indéterminément, mais non tel ou tel individu d'une manière déterminée, car tous les individus concourent au bien général de diverses manières et ce qui n'est pas fait par l'un est fait par l'autre.

Quant à la mineure, je nie que le célibat vise exclusivement le bien de l'individu ; il ne le vise que comme se rapportant au bien général.

Autre objection : Le célibat tend à la destruction du genre humain. Or, la destruction du genre humain est contre la loi naturelle. Donc le célibat est contraire à la loi naturelle ou pour le moins il est moins noble que le mariage.

Je rétorque cet argument : le défaut de culture des champs tend à la destruction du genre humain. Or, la destruction du genre humain est contraire à la loi naturelle. Donc les arts et les sciences qui détournent de l'agriculture sont contraires à la loi naturelle ou pour le moins sont moins nobles que l'agriculture.

Ces raisonnements ont le tort de considérer les choses « *in abstracto* » et non pas à un point de vue concret. Il n'y a pas à craindre que le

genre humain périsse par un célibat universel.
Il y aura toujours des mariages ; et il y aura
aussi des célibataires, « *ad totius humani gene-
ris pulcritudinem et salutem* » dit le grave saint
Thomas avec, peut-être, une arrière-pensée
d'ironie.

4ᵐᵉ Objection. Les législateurs anciens avaient
sévi contre les célibataires. Or, les docteurs,
même catholiques (S. Th. 2ᵃ, 2ᵉ q. 152, art. II) ne
les en ont pas blâmé. Donc l'État a le droit d'agir
exceptionnellement à l'égard des célibataires.

Je réponds que les législateurs anciens
avaient sévi contre le célibat dissolu, seul possible dans leur société sensualiste. Or, nous
soutenons dans notre thèse surtout le célibat
chaste, c'est-à-dire le célibat ayant le caractère
d'une institution sociale *ad bonum commune*.

Les politiciens et les économistes objectent
enfin. On constate en France une notable diminution de population. Or, le législateur a le
droit et le devoir de porter remède à cette
cause de ruine sociale. Donc le législateur a le
droit de sévir exceptionnellement à l'égard des
célibataires.

Nous entrons ici dans le vif de la question.
Accordons l'antécédent, mais nions la conséquence et le conséquent ; car, la dépopulation
ne vient pas des célibatai.'s chastes, mais
d'une foule de causes et d'abus contre lesquels
le législateur aurait le devoir de réagir.

Il est en effet certain qu'à notre époque l'innocence juvénile et même enfantine n'existe
plus. Les enfants, surtout dans les classes populaires, contractent dès le bas-âge des habitudes
vicieuses qui ébranlent le système nerveux et
produisent dans la puissance génératrice des
lésions funestes pour l'avenir. Chose plus
déplorable, la jeune adolescente, sous l'empire
des surexcitations cérébrales causées par une
presse immonde et par les spectacles pervers,
contracte elle-même des habitudes honteuses.
L'imagination féminine est encore plus ardente
que celle de l'homme. Il serait long de décrire
ici tous les troubles organiques qui en résultent,
de parler des névroses, de l'érotisme épidémi-
que. Si la jeune fille succombe, elle n'ignore
aucune des pratiques qui peuvent la soustraire
à l'infamie ; ses amants les lui apprendront au

besoin. Or, il est démontré que les pratiques justifiées par les principes de Malthus et les avortements contribuent à l'infécondité de la femme.

Autrefois les promesses de mariage faites devant les parents produisaient un véritable engagement : un amour légitime préservait des amours volages toujours funestes aux bonnes mœurs et à la santé. Mais les fiançailles sont tombées en désuétude et le service militaire empêche le plus souvent le jeune homme de songer de bonne heure à son établissement. Les fiançailles se contractaient autrefois dès l'âge de raison, les futurs époux étaient quelquefois-élevés l'un près de l'autre dans l'innocence et la simplicité. Aujourd'hui encore l'enfant cherche son amie, mais en secret, et s'il désespère de satisfaire avec elle des instincts qu'une éducation malsaine a trop précocement éveillés, il trouvera à 15, à 13, à 11 ans, ou des lieux infâmes qui lui ouvriront leurs portes, ou des créatures du dernier rang, qui contaminées et abandonnées de leurs souteneurs, vivront des petits sous volés par l'enfant à ses parents. Elles sont, ces créatures, dans les baraques foraines, dans les auberges sans clientèle et dans les cafés de dernier ordre. La police des mœurs voit tout cela et en dépit de ses règlements, le tolère. Et ce n'est pas une exception que j'apporte là, il suffit de vivre dans son siècle et d'ouvrir les yeux.

Qu'apprendra encore la caserne à ce vieux débauché de 21 ans ? Rien. Mais s'il est encore parmi ses camarades de chambrée, une âme innocente, un cœur pur (et il doit y en avoir puisque le service militaire est obligatoire pour tous), il ne tardera pas à être souillé sinon perverti par la connaissance du mal qui s'enseigne non seulement par les paroles, mais encore par les gestes et par une sorte de contagion assez difficile à définir. La nation tend donc à prendre les goûts et les mœurs de la soldatesque. Le fils de famille qui revient au foyer a pris l'accent, l'argot, la tenue, les goûts de la caserne et il en conserve souvent les mœurs.

Dans les classes populaires, autre mal : comment s'établir ? il faut trouver un emploi ; il faut économiser, et les économies sont dif-

ficiles à faire, lorsqu'on a des mœurs de soldat.
Il faut donc attendre, attendre toujours, courir
d'amour en amour. Enfin le moment d'être
sérieux arrive, il s'impose. Mais par 17 années
d'abus la puissance génératrice a été épuisée.
Que peut donner le mariage d'un homme
impuissant avec une névrosée inféconde ?

Ajoutons à ces causes de dépopulation celles
qui adviennent lorsque le mariage a été contracté.

Dans la classe dirigeante on impose souvent
à une jeune fille un mari qu'elle voit pour la
première fois un mois avant ses noces, un vieux
coureur qui veut avoir une fin et qui se dégoû-
tera vite de sa femme, lorsqu'après quelque
temps de mariage il aura découvert qu'avant
de le connaitre elle en aimait un autre, mais
qu'elle n'a pas osé le dire à ses parents.

D'autre part, nous remarquons à notre époque dans la femme (le fait est certain et assez
général), une crainte exagérée des douleurs de
la parturition et des soucis de la maternité. De
là des avortements volontaires inconnus de la
justice, de là un usage illégitime du mariage.

Le mari de son côté craint de voir diminuer
son bien-être s'il a plusieurs enfants à nourrir
et à élever. Le fils unique et la fille unique
deviennent le véritable idéal. Et ces enfants
gâtés porteront souvent la peine des pratiques
coupables de leurs parents; ils deviendront
héréditairement inféconds. Je connais des villes qui se dépeuplent ainsi par hérédité. Dans
le même ordre de causes on a encore affirmé
que la loi du partage des successions favorisait
aussi le dépeuplement.

Enfin ajoutez aux causes de stérilité des
mariages l'alcoolisme, le défaut de vie de
famille, le travail exagéré des femmes d'ouvriers et la loi du divorce qui dans les ménages
mal unis doit singulièrement encourager à
renoncer aux droits et aux devoirs conjugaux.

Puisque les législateurs veulent repeupler la
France, qu'ils remédient à tous ces abus, mais
qu'ils respectent le célibat honnête, voué au
bien de l'humanité.

Toute personne apte à se marier peut se
marier ; nul n'est obligé au mariage dans l'état
social présent: telles sont les conclusions que

nous avons à tirer des précédentes leçons.

Le principe de toutes nos preuves a été celui-ci : la fin primaire du mariage est la procréation de la race.

Mais nous ne devons pas perdre de vue pour la solution des questions qui vont suivre ce second principe établi au commencement du cours : la fin secondaire du mariage est la vie commune domestique.

Enfin il est un troisième principe à rappeler ici : la race procréée a besoin d'une éducation. L'homme ne naît pas avec le plein développement de ses facultés, il a besoin d'une société éducatrice pour l'acquérir.

Ces principes établis nous poserons quatre questions :

1° Une femme peut-elle avoir en même temps plusieurs époux ?

2° Un homme peut-il avoir en même temps plusieurs épouses ?

3° Un homme ou une femme peuvent-ils à leur gré changer d'épouse ou d'époux ?

4° Quel est le rôle du pouvoir législatif humain dans les questions de mariage ?

A la première question je réponds que la polyandrie est absolument contraire au droit naturel:

1° Parce qu'elle rend le plus souvent la femme inféconde et est par conséquent opposée à la fin première et principale du mariage.

2° Parce qu'elle rend les devoirs de la paternité pratiquement impossibles relativement à l'éducation de l'enfant, puisque entre plusieurs maris, on ne sait auxquels ils doivent incomber :

3° Parce qu'elle est proscrite par les lois et les usages de tous les peuples.

A la deuxième question je réponds :

1° Que la polygamie est contraire à la fin secondaire du mariage qui est la vie commune domestique. En effet, elle trouble la paix de la famille en produisant les jalousies féminines, en amoindrissant l'amour d'amitié entre le mari et la femme, en abaissant le rôle de celle-ci et en la réduisant presque à la condition d'esclave. La polygamie est en outre basée sur une inégalité de droits entre le mari et la femme, inégalité qui constitue une injustice évidente.

Je dis 2° que la polygamie n'est pas absolument opposée à la fin première du mariage, qui est la procréation et l'éducation de l'enfant. Aussi dans certaines circonstances, comme lorsqu'il s'agissait de peupler l'univers après le déluge, elle a pu être permise. Le législateur de la nature, qui a établi le mariage, reste évidemment juge de ces circonstances.

3° La polygamie n'est donc pas absolument contraire au droit naturel social ; elle est contraire au droit secondaire, mais non au droit primaire.

Il suit de là qu'un premier mariage constitue, sauf le cas de la mort d'un des conjoints, un empêchement qui rend inhabile à contracter un second mariage.

C'est le Christ qui a aboli la polygamie et rétabli le mariage dans la perfection de son unité. Donc si le Christ est Dieu la polygamie ne peut plus être même tolérée.

Nous ne dirons qu'un mot des secondes noces ; elles ne sont opposées d'une manière absolue, ni à la fin première, ni à la fin secondaire du mariage. Toutefois il est à observer que dans les classes populaires elles causent souvent la perte des jeunes filles issues du premier mariage. Les enfants du second lit en sont jalouses, elles sont persécutées par les marâtres et croient en se livrant à un séducteur et en quittant le foyer paternel se soustraire à une existence intolérable.

6ᵉ LEÇON

INDISSOLUBILITÉ DU MARIAGE.

Il ne s'agit pas ici d'entrer dans les considé-
rations qui ont fait autoriser le divorce par les
parlements européens. Se considérant comme
les mandataires du peuple, nos législateurs
tendent plutôt à satisfaire ses « desiderata »
qu'à examiner s'ils sont conformes ou non au
droit naturel. Parce qu'il y avait en France de
mauvais époux qui désiraient le divorce, on le
leur a accordé, voilà tout.

A nous, philosophes, qui devons envisager
les choses en dehors des préjugés et des passions, il appartient de dire si ces désirs étaient
honnêtes et si ces lois sont justes. En un mot,
le divorce est-il oui ou non conforme au droit
naturel: c'est-à-dire, est-il conforme à la nature

de l'union matrimoniale, puisque le droit naturel est fondé sur la nature, sur l'essence des choses?

Le mariage, avons-nous dit dans une de nos premières leçons, est une union mutuellement consentie entre l'homme et la femme, union qui produit une communauté de vie permanente et individuelle. Ainsi par le mariage la nature pourvoit à la procréation et à l'éducation de la race ; l'homme et la femme trouvent dans la vie commune la satisfaction de l'instinct de sociabilité et un remède légitime et naturel aux ardeurs sexuelles.

Il est évident que l'indissolubilité du mariage n'est pas absolument requise pour la procréation de la race. Je dis « pas absolument requise, » car nous verrons tout à l'heure qu'à un certain point de vue il y a opposition entre le divorce et la fin principale du mariage. Mais soit : le divorce n'est pas absolument opposé à cette fin première et principale. Aussi l'auteur de la nature a pu le permettre aux Juifs.

Mais nous qui comme catholiques ne trouvons dans le droit évangélique aucune permission, mais au contraire une défense expresse et qui, même en nous plaçant au point de vue de l'indifférentisme religieux, sommes obligés de conserver intégralement ce qui découle de la nature des choses, nous ne pourrions admettre et *a fortiori* accorder une telle permission. Si donc le divorce est opposé à la nature du mariage, il est contraire au droit naturel social, il est immoral au point de vue social. Donc il ne peut être autorisé par le pouvoir séculier. Nous avons à démontrer cette opposition.

1° Lorsque deux animaux s'unissent c'est un instinct d'amour purement égoïste qui les rapproche, juste pour le temps nécessaire à la procréation de leur espèce. En est-il de même de l'union matrimoniale? Non certes. L'être humain recherche avant tout dans le mariage une société domestique, une compagnie intime, une amitié. Sans doute les appétits charnels y trouveront une satisfaction, mais à ce point de vue ce qui distinguera toujours l'union matrimoniale de toute autre union coupable, c'est que dans l'intention des époux une amitié profonde, sérieuse, en sera le principe et la force.

Or, je l'ai déjà dit, l'amour d'amitié comporte la réciprocité d'amour, la communication des biens. Être un par le cœur et par la vie, avoir cette unité individuelle qui se rencontre dans la personne, voilà ce à quoi aspirent les époux.

Eh bien, le divorce est directement opposé à l'individualité morale de la société domestique ; il étouffe jusque dans son germe cette amitié qui unissait les cœurs.

Direz-vous qu'antérieurement au divorce les défauts des caractères, les querelles intestines avaient déjà opéré ce que le divorce ne fait que constater. Je le nie. Le divorce est une séparation définitive et absolue ; que les défauts des caractères s'atténuent avec l'âge, que les sujets de querelles disparaissent avec le temps, la séparation a eu lieu et il n'y a plus à revenir. La simple séparation du corps n'a pas ces graves inconvénients ; elle peut porter remède à un état transitoirement fâcheux et elle n'est pas comme le divorce en opposition formelle avec l'essence du lien matrimonial et par conséquent avec la loi naturelle.

« L'éternité est si bien dans la nature de
l'amour, dit M. Paul Janet, qu'il n'oserait rien
demander, ni rien donner sans promettre l'é-
ternité. Ses premiers actes sont toujours des
serments de fidélité sans fin. L'amour a des
droits pour former l'union conjugale; mais il
n'en a point pour la dissoudre. Au principe de
la liberté du cœur, il faut opposer celui de la
fidélité du cœur. La dignité de la femme et l'intérêt des enfants demandent un engagement
irrémissible. » (*La famille*, p. 360.)

2° D'autre part, le mariage est conclu par la
libre volonté des contractants qui peuvent évidemment se proposer chacune des fins honnêtes de cette union; mais nous avons établi ailleurs qu'en dehors de l'intention des contractants la nature produit l'union matrimoniale
des sexes pour la procréation de la race. C'est
donc là la fin principale du mariage dans les
intentions de la nature. Rompez cette union,
vous agissez contre les lois de la nature.

L'éducation de l'enfant n'est qu'un complé-
ment, une continuation, une conséquence de la
procréation, conséquence qui est par le fait

dans les intentions de la nature. Or, il est évident que le divorce est encore à ce point de vue en opposition avec la loi naturelle, puisque l'un des parents se trouve déchargé de l'éducation, soit de tous les enfants, soit d'une partie des enfants. L'enfant s'impose comme l'objet d'un devoir et le rôle d'éducateur persévère pour les parents indéfiniment. La majorité qui peut donner à l'enfant certains droits civils, puisque c'est la loi humaine qui l'a établie, ne peut cependant détruire l'obligation naturelle et morale des parents à l'égard de leurs enfants. Ils continueront donc de les conseiller, de les diriger et cela jusqu'à la mort. Même après la mort ces enfants seront les héritiers naturels (c'est-à-dire par la loi de la nature) de leurs parents qui auront thésaurisé pour eux.

D'autre part, l'enfant est pour le père et la mère un bien commun, indivisible, qui ne peut sans injustice être attribué à l'un ou à l'autre. Il faut donc dire que la raison réclame la permanence de la société qui possède ce bien commun et indivisible.

Direz-vous que ces preuves n'ont aucune

valeur, dès lors qu'il s'agit d'un mariage sans
enfant? Soit, la femme est stérile ou les enfants
sont morts ; c'est une chose tout à fait accidentelle, mais qui ne peut porter atteinte à l'essence même du lien. En effet, la stérilité de la
femme, la mort des enfants n'empêchent nullement le mariage existant d'être en soi établi
par la nature pour la procréation et l'éducation
de la race ; donc vouloir le rompre c'est agir
contre la nature. Direz-vous que le commerce
avec une épouse stérile est immoral ? Non certes. Pourquoi ? Parce que le mariage existe et
que ce commerce est en soi apte à la procréation
de la race.

D'ailleurs ne perdons pas de vue que le
mariage est une institution de droit social
et non pas de droit individuel. Si comme fin
secondaire il peut avoir pour but le bien de tel
ou tel individu, il n'en demeure pas moins établi principalement pour le bien général pour la
société. Nous l'avons fait voir en parlant du
célibat. Or, une prescription naturelle qui vise
le bien général considère ce qui convient à tous,
et non ce qui convient à tel individu en particu-

lier. Donc de ce que l'indissolubilité du mariage empêche la procréation de la race de la part de tels et tels, on ne peut légitimement conclure que la loi naturelle qui est générale ne les atteint pas dans sa généralité. Ce serait un sophisme

3° Et maintenant j'en appelle à la simple équité. La femme est attirée vers l'homme par un instinct fondé sur sa faiblesse naturelle qui lui fait chercher un défenseur et un directeur ; l'homme est attiré vers la femme par l'instinct génésiaque et dans la nature tout est si bien pondéré que ce sera à l'âge où elle deviendra inféconde que la femme commencera à perdre ses attraits.

Ne serait-ce pas le comble de l'injustice que de donner à l'homme le droit de se débarrasser de celle qui n'est plus jeune, de résigner ses fonctions de protecteur et de directeur au détriment de la femme qui sans attraits ne trouvera plus d'époux. Certes la polygamie avilit bien la femme, mais elle lui donne au moins un asile dans les sérails et des eunuques pour la garder.

Et si le divorce est demandé par la femme

n'est-ce pas une révolte contre le maître que lui a imposé la nature. Si le divorce est autorisé elle peut trouver des prétextes et susciter des querelles domestiques pour se soustraire à son chef légitime.

4° Le divorce est un levain corrupteur des mœurs de la famille et par conséquent de celles des individus qui la composent et de celles de la société civile dont elle est un élément.

L'amour en effet qui unit les deux époux doit être plus fidèle et plus vertueux, lorsqu'ils savent qu'ils sont unis pour toujours. L'union indissoluble rend les époux plus vigilants sur les intérêts communs; elle a donc des avantages au point de vue même économique. Le divorce favorise l'adultère; car avec lui il devient facile de satisfaire une inclination illégitime, en provoquant des causes de rupture.

Le divorce est encore au point de vue social un principe de discorde entre les familles tandis que l'indissolubilité du mariage les rapproche et cimente les alliances.

5° L'incompatibilité du divorce avec les bon-

nes mœurs fait, ainsi que le démontre l'expérience, que les personnes divorcées ont dans le
monde une note défavorable et Troplong disait :
« Le mariage en soi-même, par sa destination
avouée, reconnue, acceptée, par ses fins légitimes, par son influence sur la famille et sur les
enfants, le mariage est dans sa définition
légale, politique, naturelle, un lien qui engage
toute la vie, *consortium vitœ*. Il n'est le mariage
que parce qu'il n'est pas un lien tempo-
raire, et, que les époux se donnent indistincte-
ment l'un à l'autre : voilà sa nature. Et c'est
le montrer contraire à la nature que de réclamer pour lui la révocabilité des vœux témé-
raires. Quand un peuple a le divorce dans ses
lois, on le loue de ce qu'il ne le pratique pas ;
quand il ne l'a pas, voudrait-on qu'il pût le pra-
tiquer? » (*Mémoire sur l'esprit démocratique dans
le Code civil.*)

6° Enfin c'est encore un fait d'expérience que
le divorce est nuisible à la propagation de la
race.

« Du temps que les divorces étaient en vogue
chez les Romains, les mariages étaient rares ;

au point qu'Auguste se vit obligé de forcer les gens à se marier. » (Dav. Humes.)

« A Paris, dans l'an IX, le nombre des mariages a été de 4.000 environ, celui des divorces de 700 ; l'an X celui des mariages d'environ 3.000 seulement, celui des divorces de 900 : proportion croissante et décroissante, qui des deux côtés, effraie, et qui prouve que le divorce, loin d'être un remède, est un mal en plus, et qu'au lieu d'appeler les citoyens au mariage comme on l'a prétendu, il les en dégoûte, il les en écarte » (Carion-Nisas.)

Donc nous pouvons conclure de toutes ces preuves que le divorce est contraire au droit naturel social, que toutes les objections que l'on peut formuler contre l'indissolubilité du mariage proviennent, ou de ce qu'on oublie de l'envisager au point de vue des intentions de la nature, ou de ce que à un mal accidentel on veut opposer un remède qui est contraire à l'essence même des choses, à la nature de l'union matrimoniale. Dans ces cas accidentels, la séparation de corps suffit, lorsque la loi humaine l'a sagement réglementée ; nous n'avons pas besoin du divorce.

« Si les mariages se font mal, dit M.´ Jules Simon, le remède n'est pas de rendre le mariage éphémère. Corrigez le mariage dans sa source ; ne l'affaiblissez pas dans son essence. » (*La liberté*, tome I, page 358.)

Cette dernière conclusion nous permet de rejeter à plus forte raison le système de l'union libre, union contraire aux intentions de la nature dans le rapprochement des sexes et au sentiment familial, union, qui loin d'être comme le mariage un remède contre la concupiscence, n'est au contraire propre qu'à la fomenter et à la satisfaire dans tous ses caprices.

Le mariage nous apparaît donc maintenant comme institué par la nature pour la procréation et l'éducation de la race et pour être la base fondamentale de la société. C'est une union librement choisie et librement consentie, une union étroite et sans partage, une union que l'on ne peut rompre, parce qu'elle est fondée sur l'essence même des êtres. Ainsi envisagé le mariage n'a pas ce caractère ridicule que le liberti-

nage essaie de lui donner ; il devient un état
honorable et méritoire où les droits sont nobles
et les devoirs rigoureux.

Un amour mutuel et rationnellement honnête
a uni les époux ; lui seul est donc capable de
continuer ce qu'il a établi, de maintenir cette
union en dépit des difficultés de la vie commune
et de l'âge qui émousse la passion et diminue
les attraits. L'amour mutuel est donc le premier
devoir des époux.

A lui se rattachent tous les devoirs de la vie
domestique que la nature a sagement distribués
et rendus plus faciles selon la diversité des
sexes. A l'épouse, la nature a départi les soins
minutieux et économiques de l'intérieur, du
foyer, l'éducation affectueuse et patiente de la
tendre enfance ; à l'époux, la nature a donné
l'intelligence plus haute et la force pour accroî-
tre les biens de la communauté, pour la défendre et pour diriger avec expérience et autorité
l'adolescence et la jeunesse.

Un troisième devoir et un troisième droit qui
découlent de la notion même du mariage consis-
tent dans le pouvoir mutuel qu'exercent exclu-

sivement les époux sur leurs corps, en telle sorte
que ni le mari, ni la femme ne peut *sans injustice*
en donner l'usage à un tiers. Dès lors qu'il ne
s'agit pas d'un acte contraire à la procréation
de la race, le mari a un droit strict à exiger de sa
femme l'accomplissement de son devoir et réci-
proquement. La femme peut dire du corps de
son mari, ma chair; comme le mari peut le
dire du corps de sa femme.

La communauté de corps, d'enfants et de
biens fait du mariage le fondement d'un droit
économique. Le droit dans sa notion simple est
« *ad alterum*. » C'est-à-dire qu'il suppose un
individu qui a le droit et un autre individu qui
a le devoir, mais sans avoir le droit. Ainsi, j'a-
chète cette maison ; j'y ai droit ; vous, vendeur,
vous avez le devoir de me la livrer et vous n'y
avez plus droit. Dans le droit économique deux
individus possèdent ensemble le même droit et
ont le même devoir pour un usage commun.
(S. Th. 2ᵉ 2ᵃᵉ qu. LVII art. IV.) Ils ont un droit
et un devoir communs. Or, c'est ce qui a lieu
dans le mariage. Ce droit et ce devoir se rapportent à la vie commune domestique.

Il nous faudrait, pour terminer cet exposé des droits et des devoirs des époux, démontrer à qui la nature a donné la suprématie d'autorité dans le régime familial. Je me réserve de faire voir plus tard la supériorité de l'époux sur l'épouse en traitant du pouvoir paternel.

Mais maintenant il nous faut après avoir étudié les fondements naturels de la famille, considérer sa situation juridique à l'égard des autres familles et des individus unis par ce lien social que l'on nomme l'Etat.

7ᵉ LEÇON

LE MARIAGE ET L'ÉTAT.

Au commencement du xviiᵉ siècle, un philosophe anglais, Thomas Hobbes, qui professa le matérialisme, voulut expliquer selon ses principes les fondements de la moralité.

C'est ainsi qu'il en vint à soutenir que le pouvoir civil, que l'État était l'auteur de la vie morale. Selon Hobbes, la mission de l'Etat ne se borne pas à l'affirmer et à la défendre ; mais c'est lui qui la fonde en telle sorte que ce qui est mal peut devenir permis et même bon dès que l'Etat le tolère ou l'ordonne.

Il est difficile d'expliquer l'anomalie, mais le fait est constant : c'est au siècle de la liberté que cet épouvantable despotisme est devenu un principe politique et que les droits les plus essentiels de l'homme ont été pratiquement méconnus.

Nous avons vu dans nos précédentes leçons que le mariage est une institution de la nature. L'inclination des sexes est naturelle; leur rapprochement est naturellement nécessaire à la conservation et à l'éducation de la race. La société domestique est une institution naturelle. Bien que les législateurs modernes aient cru devoir, pour des motifs que nous n'avons pas à examiner, agir contrairement à la loi naturelle, il n'en demeure pas moins absolument certain, par les preuves philosophiques apportées que, selon cette loi, le mariage est une union indissoluble : c'est dire qu'il est une union essentiellement indissoluble.

Comment donc les législateurs ont-ils pu prétendre porter atteinte à l'indissolubilité, à la nature du mariage? Cela vient d'une fausse conception de l'Etat et de ses rapports avec la société domestique. C'est le despotisme Hobessien qui viole ici l'honneur naturel du foyer.

Hobbes et les politiques modernes remarquent que les familles vivent dans la société civile, qu'elles en font partie, qu'elles s'y soutiennent mutuellement et ils en concluent que la famille et le mariage, qui la fonde, dépendent du pouvoir qui régit la société. C'est selon eux une partie qui est soumise à l'autorité qui régit le tout. Donc c'est l'Etat qui fonde le mariage, qui le fait, qui en détermine les caractères essentiels et les modifie au besoin.

Cette doctrine est d'autant plus dangereuse qu'elle n'est pas absolument fausse. C'est un sophisme. Il est certain en effet que les familles coexistent dans la société et s'entraident, que l'Etat a donc le droit et le devoir de veiller à ce que dans leurs relations l'ordre public soit conservé; il peut donc régler la possession et la transmission des biens familiaux, préciser dans son exercice l'autorité paternelle afin d'en empêcher les abus, etc. Ce sont là des effets civils qui, parce qu'ils sont civils, dépendent de l'Etat; sans le pouvoir civil, ils n'existeraient pas.

Mais en est-il de même du mariage considéré en lui-même? Non certes; le mariage est antérieur par sa nature à la société civile, à l'Etat.

4

L'Etat ne crée pas plus la société domestique qu'il ne crée l'individu. L'un et l'autre sont l'œuvre de la nature. Si, par hypothèse, la société civile, l'État, n'existait pas, l'homme n'en conserverait pas moins son inclination naturelle à rechercher une compagne et à se trouver lié par les devoirs naturels de la fidélité conjugale et de la paternité. Cette hypothèse n'est pas chimérique puisque nous la trouvons réalisée au commencement de l'histoire de toutes les sociétés.

Donc distinguons bien le mariage considéré dans sa nature intrinsèque et le mariage considéré dans certains effets extrinsèques qui résultent de l'état social. Si, à ce second point de vue nous convenons avec Hobbes et les politiques que le mariage dépend de l'Etat, nous nions formellement cette dépendance lorsqu'il s'agit du mariage considéré en lui-même.

Et remarquez bien qu'ici je ne me place pas sur le terrain religieux et catholique, mais sur celui de la philosophie qui déduit une conclusion rigoureuse des principes qu'elle a établis en scrutant la nature de l'union matrimoniale.

S'il est dans votre tempérament philantropi-
que de préférer, par exemple, l'ingérence de
l'État et le divorce, pour éviter les inconvénients
de l'indissolubilité du mariage, la vérité et
moi, nous déplorons de ne pas être d'accord
avec vous et nous préférons ces inconvénients
à ceux qui résultent de la violation de la loi
naturelle.

Mais examinons tant soit peu la question au
point de vue religieux.

L'Eglise catholique enseigne que le Christ a
fait de l'union matrimoniale elle-même un
objet sacré, un objet de culte. Selon cette doctrine il est évident que le pouvoir séculier ne
peut pas plus prétendre l'instituer et le régir,
qu'il ne peut prétendre instituer un nouveau
sacrement ou avoir l'administration de ceux que
le Christ a établi. Le royaume du Christ n'étant
pas de ce monde, ce qui appartient par la
volonté du Christ à son royaume ne doit plus
dépendre de l'autorité qui est de ce monde.

N'oubliez donc pas que c'est un dogme du
catholicisme que le mariage est un sacrement,
un signe, un objet sacré qui consiste dans la

donation mutuelle que se font les époux. Le
sacrement, c'est le contrat matrimonial lui-
même, pour lequel la bénédiction du prêtre
n'est qu'une cérémonie accessoire.

L'Etat, s'il reconnait le catholicisme comme
religion d'un certain nombre de citoyens, est
obligé d'accepter ce dogme en pratique et toute
loi contraire sera non seulement attentatoire à
la liberté de conscience, aux droits de l'homme,
mais même au droit public existant et reconnu
par les concordats.

Mais cela suffit pour résoudre la question au
point de vue religieux ; je reviens sur le terrain
du droit naturel social et je dis: quelle que soit
l'hypothèse que l'on admette sur l'origine du
pouvoir civil, il est certain que le mariage,
dans son essence constitutive, est absolument
indépendant de ce pouvoir.

En effet la loi naturelle n'obtient pas sa force
morale du pouvoir civil. Même dans l'hypothèse du contrat social, la volonté populaire ne
peut se soustraire aux règles immuables de la
justice naturelle. Si l'on admet la doctrine qui
dit que le pouvoir social est fondé par le droit

naturel et que les lois civiles ne sont que des dérivations de ce droit, il est encore plus évident que l'Etat doit se soumettre aux lois de la nature.

Donc tel droit et tel devoir naturels doivent, par le fait qu'ils sont naturels, être réglés par la loi naturelle qui les fonde et le pouvoir civil ne peut sans injustice les violer. Soutenir le contraire ce serait dire que l'Etat peut violer à son gré la loi à laquelle il est soumis; ce qui serait soutenir l'absurde.

Donc l'État ne peut fonder ou modifier les droits naturels de l'humanité.

C'est selon la loi naturelle que le genre humain se conserve et se propage. La nature elle-même a chargé de cette mission les individus en leur donnant l'inclination sexuelle et domestique, ainsi que les organes nécessaires à la génération. C'est la nature, remarquons-le bien, qui a fait tout cela, elle l'a fait indépendamment du pouvoir civil et même, nous l'avons déjà dit, antérieurement à l'existence de la société. Et parce que c'est la nature qui a fait tout cela, l'État est radicalement incapable de trouver un autre moyen physique pour la propagation de la race. Donc ce moyen est absolument en lui-même indépendant du pouvoir politique ; le mariage qui a été établi par la nature pour la procréation de la race humaine, constitue pour l'homme un droit que l'Etat ne peut modifier ; c'est-à-dire un pouvoir moral inviolable.

Saint Thomas (II^a II^æ que 104, art. V) a admirablement résumé cette doctrine.

« En ce qui concerne les actes internes de la volonté, l'homme n'est pas tenu d'obéir à l'homme, mais à Dieu seul. »

Voilà le principe de la liberté de conscience bien compris !

« L'homme, continue saint Thomas, doit obéir à l'homme pour les actes qui sont accomplis extérieurement par le corps ; toutefois en ce qui concerne *la nature même* du corps humain l'homme n'est pas tenu d'obéir à l'homme, mais à Dieu seulement, parce que par nature tous les hommes sont égaux. »

Dans la déclaration des droits de l'homme de 1889 nous trouvons la même formule.

Art. I. — Les hommes *naissent* et demeurent libres et égaux en droits.... Art. II. Le but de toute association politique est la *conservation* (que ce mot est précis) des droits naturels et *imprescriptibles* de l'homme.

Vous l'entendez : ce sont les révolutionnaires eux-mêmes qui reconnaissent que le pouvoir politique ne peut *prescrire* contre ce qui est de droit naturel.

Saint Thomas, le docteur catholique, le grand politique, le sociologue du moyen-âge, proclame les droits de l'homme, mais plus logique que les révolutionnaires, il ne les sacrifie pas dans le détail au despotisme Hobbesien.

« Tous les hommes, dit-il, sont égaux dans leurs droits naturels; par exemple lorsqu'il s'agit de la sustentation du corps et de la procréation de la progéniture. C'est pourquoi les esclaves ne sont pas tenus d'obéir à leurs maîtres et les enfants à leurs parents lorsqu'il s'agit de contracter mariage ou de rester célibataires. Mais s'il s'agit de ce qui regarde les actes et les choses purement humaines (ici saint Thomas veut parler des effets civils), le sujet doit

obéir à son supérieur selon la raison, selon
l'objet de sa supériorité ; ainsi le soldat obéira
à son capitaine en ce qui concerne les choses
de la guerre ; le serviteur à son maître en ce
qui concerne son travail, son service ; le fils à
son père en ce qui concerne la discipline de son
éducation, de sa conduite et l'intérêt domestique. »

Ainsi parle saint Thomas et j'en conclus qu'un
vrai libéral doit être thomiste, ou plutôt, je ne
veux plus qu'on me parle de libéralisme ou
d'autoritarisme ; je ne connais plus que des
gens ignorants ou des gens instruits et je dis
que la Révolution, loin de défendre les droits
naturels de l'homme, après les avoir procla-
més, les a, à l'exemple des pires autoritaristes,
indignement méconnus et violés.

En résumé : 1° L'Etat a le droit de déterminer
et de régler les effets civils du mariage.

2° L'Etat ne peut avoir aucun droit sur ce qui
constitue le mariage lui-même.

3° L'Etat ne peut autoriser, ni la polygamie,
ni le divorce, qui sont contraires au droit
naturel.

4° L'Etat ne peut contraindre au mariage.

5° L'Etat ne peut établir des empêchements rendant le mariage nul entre certaines personnes ; c'est-à-dire l'Etat ne peut établir des empêchements dirimants.

Par ailleurs : 1° L'Etat a le devoir de protéger la liberté, l'unité et l'indissolubilité du mariage.

2° L'Etat a le devoir de régler les effets civils du mariage.

3° L'Etat a le devoir d'empêcher les mariages qui seraient nuls à raison d'un empêchement naturel.

4° L'Etat catholique en vertu des principes de la foi qu'il professe et l'Etat neutre en vertu de la liberté de conscience doit reconnaître dans sa législation le régime confessionnel du mariage.

Les politiciens objectent :

1° Le mariage a une influence notable sur l'ordre social. Donc il appartient à l'Etat de fixer les conditions essentielles de l'union matrimoniale.

Je rétorque l'argument. Le nombre des en-

fants a une influence considérable sur l'ordre
social. Donc il appartient à l'Etat de prescrire
aux parents le nombre d'enfants qu'ils doivent
avoir. Cette conclusion ridicule démontre le
vice de l'objection. Il y a là un sophisme, un
cercle vicieux ; sortons-en.

Oui le mariage influe sur l'ordre social ; mais
comment ? comme élément postérieur ou comme élément antérieur à cet ordre ? Je l'ai déjà
démontré, l'union matrimoniale précède naturellement l'union politique ; elle ne peut donc
dépendre de celle-ci que pour les effets dont
elle est la cause, c'est-à-dire pour les effets civils. Mais l'union matrimoniale, la famille est
une cause de l'Etat social ; celui-ci doit donc
être naturellement déterminé dans son droit
d'après la nature de la famille et ce n'est pas le
pouvoir social qui doit déterminer la nature
de la famille.

2* *Objection.* — L'Etat a le devoir et le droit
d'empêcher les inconvénients de l'augmentation demesurée ou de la diminution fâcheuse de
la population. Or il ne peut porter remède à ces
inconvénients qu'en interdisant ou en ordon-

nant le mariage. Donc l'Etat a un droit sur le mariage considéré en lui-même.

J'ai déjà répondu à cette objection en parlant du célibat, mais elle revient encore ici et je vais y donner une réponse plus doctrinale.

J'admets d'abord comme de toute évidence que l'Etat ne peut violer le droit naturel ; c'est un principe de la déclaration des droits de l'homme. L'Etat n'a donc aucun pouvoir *direct* sur ce qui est de droit naturel.

Mais il est aussi évident que l'Etat a le droit et même le devoir de procurer aux citoyens des moyens convenables pour l'exercice de leurs droits et de leurs devoirs naturels. L'Etat a donc *indirectement* une certaine influence sur la loi naturelle ; et telle est l'influence que l'Etat peut exercer sur le mariage lui-même.

Qu'il cherche donc des moyens pour empêcher la débauche, pour conserver l'honnêteté du mariage et il contribuera ainsi à l'accroissement de la population.

S'il s'agit au contraire de prévenir une augmentation exagérée, source de paupérisme, que l'Etat honore le célibat vertueux et dévoué ;

du même coup il diminuera le nombre des mariages et donnera aux malheureux des soutiens
et des défenseurs.

Ainsi l'Etat s'acquittera de son devoir sans
violer le droit naturel, sans violer la liberté; ainsi
il demeurera libéral dans le vrai sens du mot.

Mais je ne puis terminer sans conclure que
pour protéger les droits naturels de l'homme et
pour pourvoir aux bonnes mœurs, à l'honnêteté
du mariage et à celle du célibat, et par là au
bien social en ce qui concerne l'augmentation
ou la diminution de la population, le moyen le
plus efficace se trouve dans la religion qui
ennoblit le mariage et consacre le célibat par
des vœux.

C'est sous l'influence du principe religieux
que j'ai combattu pour l'honneur de l'union
matrimoniale ; si les parlements européens et
les légistes modernes sont en contradiction avec
moi, c'est qu'ils méconnaissent ce principe.
Aussi quoi qu'on puisse dire pour les justifier
ma partie reste la plus noble. Il m'est évident,
que je soutiens ce qui est bon et qu'eux travaillent pour le mal.

8ᵉ LEÇON

DU DROIT PATERNEL.

Nous avons établi dans la première partie de ce cours que le mariage a pour fin principale, selon les intentions de la nature, la procréation et l'éducation de l'enfant.

Si les réponses que nous avons faites aux arguments en faveur du divorce ou de la suprématie de l'Etat sur le mariage n'ont pas été saisies par tous, c'est que l'on aura oublié de considérer le mariage au point de vue du droit naturel et social, pour se placer au point de vue du bien individuel. Or, le bien individuel ne peut nous servir à déterminer le droit social.

Cherchons maintenant les droits et les devoirs que fait naître la mission éducatrice de la famille.

5

Quand je parle de l'éducation, j'entends l'envisager, soit au point de vue physique, soit au point de vue intellectuel et moral.

La mission éducatrice achève de donner à la famille son intégrité. La famille est la société domestique de l'homme et de la femme, mais lorsque, par la naissance d'un enfant, un troisième membre est venu s'adjoindre à cette société primitive, elle a toute sa raison d'être et je la définis intégralement en disant que c'est l'union des parents et des enfants conservant une même communauté de vie dans un but éducateur.

Il est évident que l'éducation requiert nécessairement un pouvoir qui la dirige ; c'est un pouvoir moral ; c'est un droit. Ce droit, ce pouvoir, est désigné sous le nom de *pouvoir paternel*.

Hobbes, suivant sur l'origine de ce pouvoir ses tendances despotiques, assimile le droit paternel au droit de propriété et comme la propriété a son origine dans la possession, « le domaine de l'enfant est, dit-il, au premier qui l'a en son pouvoir. » Or, le premier possesseur est la mère ; c'est donc à elle qu'appartient en principe le rôle d'éducateur et, si cependant elle préfère abandonner son enfant, elle en a le droit, comme on a le droit de renoncer à une propriété.

L'abandon d'un enfant, ainsi que l'observe Lactance, diffère peu de l'assassinat ; concluons donc que d'après les principes de Hobbes (*Liv. du citoyen*, ch. IX, § 2 et 3), la mère a le droit d'ôter la vie à celui qu'elle ne veut pas élever.

Rousseau n'a pas suivi Hobbes dans cette sinistre doctrine, mais soumettant comme lui l'essence même du mariage et de la famille à l'Etat, il a considéré le pouvoir paternel comme une dérivation du pouvoir civil. La société, selon Rousseau, confère aux parents le soin et le droit d'élever les citoyens.

Au xviie siècle l'allemand Puffendorf avait précédé Rousseau dans cette opinion, mais plus logique que lui, il avait voulu trouver dans le suffrage de ses sujets l'origine du pouvoir paternel et l'avait fait dériver en même temps de l'Etat et du consentement tacite des enfants.

Le suffrage universel mis en pratique pour le choix de la mamelle est la conclusion rigou-

reuse d'une doctrine, qui n'admet aucun droit
social antérieur au contrat volontaire.

Il nous serait permis de rire si de telles doctrines, après avoir donné aux politiciens l'au-
dace de violer par le divorce l'honneur du
mariage, ne leur avaient donné aussi sous des
prétextes de progrès celle d'attenter au pouvoir
le plus respectable, celui du père de famille.

J'ai donc à établir que le pouvoir paternel est
antérieur au pouvoir civil, qu'il n'en dérive
point; mais qu'il vient immédiatement de la
nature, qu'il est un droit naturel.

1º En effet la société domestique est antérieure, nous l'avons déjà dit, à la société civile;
l'homme recherche une compagne, il en a des
enfants; c'est par une nécessité naturelle que
les enfants naissent dans ce milieu; c'est donc
naturellement qu'ils deviennent membres de
la famille, qu'ils se trouvent soumis au pouvoir
qui la régit. C'est la nature qui a fait cela sans
qu'il fut besoin d'une loi humaine ou d'un
pacte conventionnel.

2º Examinons d'ailleurs le rapport juridique
qui existe entre les parents et les enfants.

Saint Thomas, 2ª 2ᵉ qu. 57, article 4, refuse d'admettre que le droit paternel soit exactement renfermé dans la notion d'un vrai droit.

Le droit est « *ad alterum;* » il suppose un créancier et un débiteur distincts. Sans cette distinction du créancier et du débiteur, nous n'avons plus le droit dans sa notion simple, mais soit un droit économique, soit un autre rapport juridique qui est ou moins strict ou plus intime que le droit proprement dit.

Or, c'est le cas du rapport qui existe entre le père et l'enfant : ce rapport est plus intime que celui du droit proprement dit, parce que les droits et les devoirs du père et de l'enfant ne sont pas tout à fait « *ad alterum.* »

L'enfant est une partie de son père, il est une partie de sa mère. Il a reçu l'existence du sang de l'un et de l'autre ; il a sucé le lait de sa mère, il a été élevé au prix de la sueur du père, au détriment de l'activité vitale de celui-ci.

Voilà pourquoi les parents aiment les enfants comme d'autres eux-mêmes et pourquoi les crimes des parents à l'égard des enfants et des enfants à l'égard des parents ont une malice plus grande qu'à l'égard de toute autre personne. En effet il n'y a plus là seulement une violation de l'égalité juridique, mais il y a en outre une atteinte à l'unité, à l'identité personnelle. Entre l'homicide simple et le suicide, je trouve l'infanticide et le parricide qui tiennent de l'un et de l'autre.

Je conclus de ces observations que puisque l'homme a reçu de la nature le droit qu'il a reçu sur lui-même, il a reçu aussi d'elle le droit qu'il exerce sur ses quasi lui-même, sur ses enfants.

3º Cette conclusion se confirme encore par l'examen des droits de l'enfant.

L'enfant reçoit l'existence par une cause naturelle en soi, bien qu'elle ait été volontairement posée.

Dans les neuf premiers mois cette existence dépend nécessairement de la mère. Même après la naissance, elle ne peut continuer sans le secours d'autrui. L'enfant ne pourra se développer, soit au physique, soit au moral, sans un éducateur. Or, l'enfant est par nature un homme, il a donc droit au développement de ses facultés physiques et morales. Tous les hommes y ont droit. Il faut donc un devoir corrélatif à ce droit, et ce sont les parents, qui ayant posé volontairement la cause naturelle et nécessaire de cet ayant-droit, sont liés à son égard par les devoirs qui sont corrélatifs à ce droit. Donc les parents ont naturellement le devoir d'élever leurs enfants.

Mais ce devoir naturel suppose une autorité qui retienne les enfants dans la famille sous sa responsabilité et sa direction. C'est l'autorité paternelle qui vient donc immédiatement de la nature, qui découle de la condition naturelle des enfants.

Nous pouvons, à l'aide de ces principes, indiquer les principales obligations des parents :

1° Ils doivent fournir à leurs enfants tout ce qui est nécessaire pour leur nourriture, leur croissance normale et leur santé. Ils ne peuvent ni les tuer, ni les mutiler, mais ils doivent les aimer comme d'autres eux-mêmes.

2° Le droit de propriété confère à l'homme celui de disposer de ses biens en faveur de ses enfants. Comme les enfants sont par la naissance quelque chose des parents et qu'ils constituent avec eux cette personne morale qui est la famille, ils sont en droit les héritiers naturels de leurs père et mère. Il y a donc en principe pour les parents une obligation naturelle de tester en faveur de leurs enfants.

Toutefois on admet que les parents peuvent en conscience disposer librement d'une partie de leurs biens et même il est conforme à la morale sociale que les parents puissent dans certaines circonstances exclure un fils ou une fille de l'héritage familial. C'est là la sanction suprême et nécessaire du pouvoir paternel.

3° Les parents doivent donner à leurs enfants une instruction en rapport avec leur position sociale. Cette instruction doit comprendre l'enseignement religieux.

Rousseau, dans son *Emile*, affirme qu'on ne doit pas parler aux enfants de Dieu, de l'âme et des autres vérités religieuses, avant qu'ils aient atteint l'âge de 12 ans, pour éviter de faire naître chez eux des préjugés.

Cette doctrine est en opposition complète avec le développement normal de la nature humaine et par conséquent elle est contraire au droit naturel.

En effet, la nature humaine se développe simultanément dans toutes ses facultés. De même que dans l'arbre nous voyons croître simultanément le tronc, les racines, les branches et les feuilles, ainsi dans l'enfant, le corps, l'intelligence, les facultés, les sentiments ont une formation progressive simultanée. L'éducation, pour être en rapport avec cette progression naturelle, doit donc s'étendre même à la direction du sentiment religieux.

Rousseau part de cette hypothèse que la religion peut être un préjugé. Si une religion erronée ou superstitieuse peut s'imposer comme un préjugé, la religion véritable oblige la conscience comme une vérité. Il y a donc pour les parents une obligation de faire connaître à leurs enfants la religion vraie et de diriger leurs sentiments naturels selon ses principes.

Je n'ai pas dans ce cours à chercher les signes de la vraie religion et à montrer quelle est la doctrine qui les possède. Je n'ai ici qu'à

5.

faire voir l'opposition des principes de Rousseau avec ceux du droit naturel social.

Rousseau, en enlevant à l'éducation le principe religieux, détruit le principe de la formation morale qui est un des buts principaux de l'éducation.

Comment en effet imposer la vertu à l'enfant, si on ne lui parle du législateur qui l'ordonne et des peines qui sanctionnent sa loi. La vertu doit être surtout dans le cœur de l'enfant ; les lois humaines qui n'ont qu'une sanction temporelle et qui ne dirigent que les actes extérieurs sont incapables d'opérer la moralisation intime. Donc rejeter l'éducation religieuse c'est abaisser la valeur morale de l'enfant et pour éviter un soi-disant préjugé, c'est mettre l'enfant au rang de l'animal que ne régit aucune loi morale.

L'éducation doit donc dans son ensemble avoir un caractère religieux ; elle doit être douce mais en même temps forte par la discipline qui consiste dans les conseils, les réprimandes, et même, si besoin est, dans les châtiments corporels.

On ne peut voir là la source d'un pouvoir tyrannique ; le père, ainsi que le fait observer saint Thomas, n'a sur son fils le pouvoir coercitif que dans l'intérêt de ce dernier. Le pouvoir paternel doit donc être mesuré par cet intérêt et il appartient à la société civile de prévenir et de réprimer les abus excessifs du pouvoir paternel.

L'éducation morale sera d'autant plus efficace que les parents donneront à leurs enfants l'exemple des vertus qu'ils doivent développer en eux. Ce sont les exemples qui entrainent.

Quels sont maintenant les devoirs des enfants à l'égard des parents? On en compte quatre : l'amour, la reconnaissance, la piété filiale et l'obéissance.

1° Les enfants, avons-nous dit, sont comme une partie de leurs parents ; ils leur doivent donc l'amour, car il est naturel à l'homme de s'aimer d'abord lui-même.

2° Ils leur doivent la reconnaissance. Les parents sont les premiers bienfaiteurs des enfants ; ils ont souffert et travaillé pour leur donner l'existence et l'éducation. Si l'ingrati-

tude est un vice détestable entre tous, que dire
de l'ingratitude à l'égard des parents? C'est le
principe de la justice naturelle qui oblige strictement les enfants à témoigner leur reconnaissance aux parents, en venant à leur secours
dans la maladie et dans l'indigence. La justice
dit en effet que celui qui a faim doit être
nourri d'abord par celui dont il a reçu lui-
même la nourriture et l'existence.

3° La piété est un sentiment de respect et de
dépendance à l'égard de ceux dont nous avons
reçu quelque bien. Il est évident que la piété
s'impose aux enfants à l'égard des parents,
puisqu'ils en ont reçu l'existence et l'éducation.

Ces devoirs d'amour, de reconnaissance et
de piété filiale sont perpétuels; il n'en est pas
de même du devoir d'obéissance.

4° La famille est une société dont les enfants
sont les membres et qui est gouvernée pour son
bien-être commun par le pouvoir paternel. Or,
l'éducation serait impossible, et lorsqu'elle est
achevée le bien commun de la famille ne pourrait être obtenu et conservé, si les enfants n'é-

taient obligés d'obéir aux parents. Cette obéissance est donc un devoir de droit naturel social, d'ordre domestique.

Toutefois cette obéissance ne doit pas aller jusqu'à la violation des droits naturels de l'homme et des lois de la morale.

La discipline paternelle doit forcément devenir plus douce à mesure que le fils ou la fille acquièrent leur personnalité morale et enfin l'obéissance cesse complètement comme devoir, pour ne rester plus que, dans certains cas, comme convenance, lorsque le fils ou la fille ont quitté la société régie par le pouvoir paternel, qu'ils vivent séparés de la famille, qu'ils se sont établis.

Nous n'aurions pas suffisamment précisé la nature du régime familial si nous n'indiquions le sujet principal du pouvoir paternel.

Kraus et quelques rationalistes ont prétendu qu'il existe une égalité si parfaite entre l'homme et la femme que celle-ci ne lui est pas soumise.

Il est certain que le mari ne doit pas être un despote pour son épouse, nous avons suffi-

samment établi le contraire ; néanmoins lorsque l'on considère la différence des aptitudes
de chaque sexe, soit au point de vue physique,
soit au point de vue de l'intelligence et du cœur,
on est obligé de reconnaître avec tous les peuples que l'homme a naturellement sur la femme
une autorité directrice et que par conséquent
le pouvoir paternel réside principalement chez
lui.

La mère, il est vrai, exerce une certaine
autorité à l'égard des enfants, surtout dans
leur jeune âge ; par ses qualités de cœur elle
est en outre providentiellement destinée à pon-
dérer le pouvoir du père. Elle est l'avocate de
ses fils au sein de la famille ; j'ai tout dit en un
mot : elle est la mère.

9ᵉ LEÇON

L'ÉDUCATION ET L'ÉTAT.

La question que nous allons aborder a provoqué depuis un siècle de nombreuses polémiques dans lesquelles on s'est laissé aller de part et d'autre à de fâcheuses exagérations.

Quel est le rôle de l'Etat dans l'éducation des enfants? Nous allons résoudre ce problème social en nous appuyant sur les principes du droit paternel, tels que la nature les proclame.

Les hommes et les familles vivent en société parce que dans l'état social ils trouvent un concours commun qui leur rend plus facile et plus prompte l'acquisition de leur bien-être. L'Etat a donc pour mission de procurer aux individus et aux familles des moyens convenables pour la protection de leurs droits et l'accomplissement de leurs devoirs. Il est donc indiscutable que l'Etat doit fournir aux parents des facilités pour l'éducation intellectuelle et morale des enfants.

Il est aussi hors de doute que l'Etat a le droit de. veiller à ce que l'éducation soit selon l'honnêteté et la vérité. Il a même le devoir de réprimer les abus du pouvoir paternel ; de protéger les bonnes mœurs et la vraie doctrine. C'est même la nécessité de la répression des abus et de la protection de la morale qui rend nécessaire l'existence de l'autorité politique.

Mais en matière d'éducation le droit de l'Etat est-il encore plus étendu? Peut-il contraindre le père de famille à élever ses enfants dans ses écoles et selon ses méthodes? Peut-il interdire aux parents de confier leurs enfants aux maîtres en qui ils ont confiance? Une telle prétention de la part de l'Etat ne constitue-t-elle pas un abus, une violation du droit naturel? N'y a-t-il pas là un empiètement sur les droits de l'homme?

Les rationalistes politiques imbus des principes de Rousseau, qui considère le pouvoir

paternel comme délégué par l'Etat, affirment
que « l'Etat seul a le droit de conférer le pouvoir d'enseigner, attendu que l'enseignement
n'est pas un droit naturel, mais une mission
publique et sociale. » Ainsi parle Cousin dans
le journal *les Débats* du 4 mai 1844. Il est l'interprète de l'université d'Etat qui prétend
avoir le monopole du savoir et de l'enseignement.

Nous avons montré ailleurs la fausseté du
principe de Rousseau : le pouvoir paternel ne
vient pas de l'Etat puisqu'il lui est antérieur ;
donc l'éducation, qui fait le principal objet de
ce pouvoir, lui appartient par la nature et non
par une délégation de l'Etat.

Je me propose donc d'établir que l'Etat n'a
pas le droit d'imposer ses maîtres et ses écoles
aux pères de famille, pour l'éducation, soit intellectuelle, soit morale, de leurs enfants.

De ce que la famille est agrégée à la société
civile, comme une partie au tout, il ne suit pas
qu'elle perde ses droits et ses devoirs, mais
au contraire, elle vient demander à la société la
protection de ses droits et des moyens lui facili-

tant, pour son propre bien-être, l'exercice plus parfait de ses devoirs.

Or la famille, antérieurement à la société civile, puisque celle-ci ne peut être si la société domestique ne la précède, a des droits et des devoirs strictement naturels, en ce qui concerne l'éducation des enfants. Ces droits et ces devoirs, elle les a indépendamment de la société civile, puisque, comme nous venons de le dire, elle lui est antérieure. Donc violer de tels droits c'est violer des droits naturels de l'homme.

Or, cette violation a lieu lorsque l'État impose ses écoles et ses maîtres, en écartant ceux en qui les pères de famille ont confiance. Les parents ont en effet le droit d'élever leurs enfants ; c'est là le but désigné par la nature et non par la loi humaine à la société familiale ; c'est le devoir imposé naturellement aux parents. Si les parents ont le droit naturel de poursuivre ce but, ils doivent avoir aussi celui de choisir les moyens pour l'atteindre, c'est-à-dire de choisir les écoles et les maîtres qui leur paraîtront les plus convenables à cet effet.

Voyons d'ailleurs le rapport qui existe entre

la famille et l'Etat. La famille est sans doute une partie de l'Etat, mais les enfants, tant qu'ils vivent dans la communauté domestique, sont les membres de cette société et sont soumis au pouvoir des parents dont ils sont une partie dépendante ; ils n'appartiennent donc pas par eux-mêmes et immédiatement à l'Etat, mais médiatement par leurs parents, dont la mission est de les former pour la société elle-même.

Donc de même que l'Etat n'a aucun droit en ce qui concerne le régime économique intérieur de la famille ; de même qu'il doit seulement veiller à ce que les parents n'abusent pas du pouvoir paternel, sans cependant violer leurs droits ; ainsi l'Etat doit respecter le droit natu‑ rel des parents en ce qui concerne l'éducation, bien qu'il puisse en réprimer les abus, afin que les droits des enfants eux-mêmes ne soient pas violés par l'autorité paternelle.

Cette doctrine, si simple parce qu'elle est conforme à la nature des choses et au bon sens, n'est pas du goût des politiques moder‑ nes, qui cependant ne cessent de se dire les défenseurs des droits de l'homme.

1° La société, disent-ils et répètent-ils à satiété, a en vue le bien général et public. Or, le bien public dépend en grande partie de l'éducation des enfants; il y a une relation extérieure entre l'éducation et le bien public. Donc l'Etat, qui a le droit de régler les relations extérieures des familles avec lui-même, peut prendre des dispositions à l'égard de l'éducation.

Si cette raison, répondrons-nous, avait une réelle valeur, on devrait en conclure que tous les actes extérieurs des individus doivent être fixés par l'Etat, car il est impossible de trouver un acte quelconque de la vie d'un citoyen, qui n'ait pas quelque rapport avec la société dans laquelle il se trouve. Dans ce cas le prétexte du bien public servirait à la plus épouvantable tyrannie et les peuples seraient conduits par leurs chefs comme un vil bétail.

Donc qui prouve trop ne prouve rien. Si l'éducation influe sur le bien public, il faut seulement en conclure que l'Etat peut et doit fournir aux pères de famille des moyens convenables pour l'éducation des enfants; que l'Etat doit veiller à ce que les parents, les maîtres et les écoles ne soient pas une cause de perversion intellectuelle et morale pour la jeunesse.

L'Etat a le devoir de protéger contre tous les abus la vie morale des enfants, comme leur vie corporelle. Là se trouve la limite de ses droits en matière d'éducation et il ne peut la dépasser sans violer ces droits naturels que la révolution a proclamé imprescriptibles.

2° Direz-vous que c'est l'Etat qui confère les grades académiques et qu'il a par connexion le droit d'imposer comme condition d'admissibilité la fréquentation des écoles officielles ; cette raison n'est pas meilleure.

La question de l'éducation est absolument distincte de celle de la collation des grades. Les candidats ont la liberté de prétendre à ceux-ci, mais on ne peut en conclure que le père de famille soit obligé par le droit naturel de se soumettre à l'Etat, d'accepter ses méthodes, ses écoles et ses maîtres.

D'ailleurs est-il juste que le grade académique soit conféré à raison de la méthode ou de l'école. Le grade est exclusivement un témoignage officiel du talent, de la science et de la

capacité des candidats ; ce témoignage doit
leur ouvrir pour le bien commun certaines fonctions publiques.

Que le candidat soit reconnu apte à remplir
ses fonctions à raison de son talent et de sa
science, cela suffit ; et peu importe la méthode
qu'il a suivie, ou l'école qu'il a fréquentée, s'il
donne des preuves de sa capacité.

On ne peut sans partialité et sans absurdité
soutenir le contraire.

Je vais plus loin et je dis : est-il juste que
l'État ait seul le droit de conférer les grades
académiques ? J'accorde que l'État a le droit
d'établir officiellement des jurys pour la collation de ces grades, mais je soutiens qu'il a le
devoir de reconnaître et de confirmer le grade
conféré par tout jury honnête et savant. Autre
est en effet le droit de *reconnaissance* des grades
qui appartient exclusivement à l'État, autre le
droit de *collation* qui appartient plus logiquement à tout jury apte par sa science à juger
de la science des autres.

Le monopole universitaire est, on le voit,
une monstruosité sociale et il constitue une

violation des droits naturels des hommes savants.

Le droit de juger de la capacité des candidats appartient donc aux maîtres désignés par l'Etat, mais au même titre et quelquefois à plus forte raison, à tous les hommes remarquables par leur science reconnue. En effet, il arrive souvent que les hommes les plus capables dans les lettres ou dans les sciences ne sont pas ceux qui occupent les chaires officielles.

Sans doute, je veux que l'État prévienne et réprime les abus en cela, comme en toutes choses où il le peut ; mais je ne veux pas que, sous prétexte d'abus, il lèse des droits incontestables.

3° On objecte encore que l'État a le droit d'exiger des parents qu'ils fassent instruire leurs enfants. Il peut rendre l'instruction obligatoire; en conséquence, il peut aussi déterminer ses droits relativement à cette instruction.

J'admets parfaitement que l'État a des droits et je ne veux certes pas les amoindrir, cependant ces droits ne sont pas illimités, car il existe par ailleurs des droits non moins incontestables. Quelle sera donc la mesure des droits de l'Etat ? Ce sera le bien commun, le bien public. Tout ce qui sera nécessaire au bien de la société sera du droit de l'Etat.

J'admets donc en théorie que l'instruction obligatoire est nécessaire pour le bien public. L'Etat peut donc l'imposer. Mais suit-il de là qu'il puisse imposer l'instruction telle qu'il l'entend, surtout lorsque cette instruction est en opposition avec la conscience des pères de famille.

D'ailleurs, en pratique, je ne vois pas démontrés les avantages sociaux de l'instruction obligatoire. Si le vrai savoir est utile à la société, on doit reconnaître que les demi-savants ne servent à rien de bon et que l'instruction est un prétexte pour employer à l'égard des peuples une foule de moyens de corruption.

Oui, l'instruction peut être utile aux classes populaires, elle peut les améliorer ; mais seulement, lorsque l'éducation comprend l'enseignement de la religion qui, base et soutien de la morale, apprend à respecter le pouvoir social comme émané de Dieu et à jeter au feu les livres corrupteurs et les journaux pornographiques.

10ᵉ LEÇON

DU MAITRE ET DU SERVITEUR.

La famille comme l'individu, pour pourvoir
à ses besoins et pour faire fructifier son avoir,
a nécessairement recours à l'aide d'étrangers
qui, par le fait, sont agrégés à la société domestique, puisqu'ils doivent travailler à son bien-
être propre. Ce sont les serviteurs.

Dans les sociétés antiques, ces auxiliaires de
la famille étaient les esclaves qui, dépouillés
de tout droit et de toute dignité humaine,
étaient considérés comme une propriété ; le
maître avait sur eux droit de vie et de mort.

Les premiers esclaves furent des prisonniers
de guerre qui devinrent, par le fait, eux et leur
descendance, le domaine du peuple vainqueur.
Il en fut ainsi, par exemple, des Ilotes à Lacé-
démone.

6

L'esclavage ainsi entendu est évidemment
opposé au droit naturel.

En effet, le serviteur peut être considéré
comme serviteur et comme homme.

Comme serviteur, il est essentiellement pour
l'utilité de son maître ; son droit n'est pas strictement « *ad alterum* » puisque son labeur n'est
plus que l'extension de celui du maître dont il
est l'auxiliaire.

Mais le fait de la servitude ne détruit pas la
dignité humaine et le serviteur, ni par la volonté
d'autrui, ni même par sa volonté propre, ne
peut perdre les droits qui en sont naturellement inséparables.

Le maître et le serviteur sont donc égaux
pour les devoirs et les droits qui découlent de
la nature humaine ; le serviteur en tant
qu'homme jouit de la liberté nécessaire pour
accomplir le devoir naturel et de tous les droits
qui correspondent à ce devoir. Ces droits sont
tout à fait inaliénables, dès lors qu'ils sont corrélatifs de devoirs naturels, auxquels l'homme
ne peut se soustraire.

Or, il est facile de voir que l'esclavage qui

assimile le serviteur à une propriété sans
devoir moral et sans aucun droit est contraire
à l'équité naturelle sociale. Voilà pourquoi la
civilisation chrétienne a toujours travaillé à
l'abolition de l'esclavage.

Sans doute l'homme peut, pour lui et pour sa
descendance, être engagé à fournir le labeur à
un autre homme, soit par droit de conquête ou
comme châtiment, soit pour obtenir de cet
homme la protection seigneuriale ou un salaire
à l'aide duquel il puisse augmenter son propre
bien-être ou celui de sa famille; mais ni l'esclave chrétien, ni le condamné, ni le serf, ni
le domestique, ni l'ouvrier n'a perdu ou abdi-
qué la dignité humaine; le vainqueur, la force
publique, le seigneur, le maître ou le patron
ont le devoir de la respecter.

Dans notre société moderne, en Europe, nous
distinguons deux sortes de serviteurs, les domestiques et les ouvriers.

Le domestique est l'auxiliaire des membres
de la famille; il est attaché au service des personnes pour leurs besoins quotidiens; l'ouvrier
n'est pas attaché au service des personnes, mais

sous la direction du maître, qui prend alors le nom de patron, il concourt immédiatement à l'augmentation du bien-être familial.

Il est évident que la situation sociale de l'ouvrier est moins dépendante du maître que celle du domestique qui vivant du matin au soir dans l'intimité de la famille, se trouve nécessairement soumis au régime qui la gouverne.

L'ouvrier retrouve tous les soirs son foyer; il est peut-être père de famille; il n'est donc pas sous la dépendance constante du maître ou du patron qu'il a servi durant quelques heures de la journée.

Toutefois n'exagérons pas cette indépendance et n'assimilons pas l'ouvrier à un vendeur de travail qui n'a d'autre obligation que de livrer sa marchandise.

Le labeur de l'homme, considéré en soi et non relativement à la matière sur laquelle il s'exerce et à son produit, est inséparable de la personne. Quand je dis: « je travaille, » le moi est le sujet inséparable du travail. Donc si le maître ne peut en rien attenter à la dignité humaine de l'ouvrier, il a le droit et quelquefois même le

devoir d'exiger de lui telle ou telle condition
personnelle en tant qu'il travaille pour lui.

Loin d'être une cause d'attentats à la dignité
de l'ouvrier, ce principe en est la sauvegarde,
car l'ouvrier en tant qu'attaché au patron par
son travail peut légitimement exiger de lui
telle ou telle condition personnelle.

Par exemple, de même que c'est pour l'ouvrier un acte légitime et même louable de quit-
ter un patron qui vit dans l'inconduite, le
patron exerce aussi un droit très légitime et ne
viole pas la liberté de l'ouvrier lorsqu'il requiert
de lui, sous peine de retrait d'emploi, une conduite moralement honnête et des sentiments
conformes à la vérité et à la justice.

Non, il n'y a pas là attentat contre la liberté
individuelle, mais au contraire le patron use de
son influence pour sauvegarder la dignité d'un
homme qui lui est attaché par son travail.

Cette tutelle, dira-t-on, peut engendrer une
foule d'abus. Je répondrai que les choses sont
ce qu'elles sont ; il ne nous appartient pas de
changer ce qui est la conséquence nécessaire du
travail pour autrui. D'ailleurs le droit cesse

lorsque l'abus commence ; c'est à l'Etat qu'il appartient de supprimer les abus.

Le père de famille peut abuser de son pouvoir ; faut-il pour cela nier le droit paternel ? Le maitre peut abuser de la dépendance de ses serviteurs, faut-il pour cela nier le droit du maitre et du patron ?

En résumé : 1° le maitre doit payer à son serviteur en temps voulu, le salaire convenu.

2° Le maitre ne doit jamais exiger du serviteur un travail au-dessus de ses forces.

3° Le maitre doit respecter la dignité humaine de son serviteur.

A cet effet, le maitre doit aimer tout spécialement son domestique puisqu'il est un membre du corps familial dont il est le chef ; il doit aimer de même son ouvrier, puisque le travail de celui-ci est l'extension de l'activité du maitre et que l'ouvrier concourt au bien-être de la société domestique.

Le maitre doit laisser au domestique et à l'ouvrier le temps qui leur est nécessaire pour leur progrès intellectuel et moral et même, selon la mesure de ses attributions et de son influence sociale, il doit procurer à l'ouvrier et au domestique les moyens d'opérer en eux ce progrès intellectuel et moral.

Tels sont les devoirs du maître ; voici maintenant ceux du serviteur.

1° Le serviteur doit fournir au maître le travail convenu, avec la diligence convenable.

2° Le serviteur, sous la direction du père de famille, doit selon son emploi concourir et s'intéresser au bien-être de la société domestique.

L'ouvrier qui ne s'intéresse point à la prospérité du sol qu'il cultive ou de l'usine où il travaille et le domestique qui ne porte aucun intérêt au bonheur de la famille sont deux plaies sociales que la théorie de l'ouvrier vendeur de travail ne fera qu'agrandir au détriment des familles et de la prospérité nationale.

3° Le serviteur doit obéir au maître qui est le chef de la société dans laquelle vit le domestique et à laquelle l'ouvrier est agrégé surtout aux heures du travail.

En terminant la première partie de ces leçons, résumons la doctrine que nous avons exposée.

Le premier droit social de l'homme est le droit

d'union des sexes. La nature en destinant cette union à la procréation et à l'éducation de l'enfant a déterminé et fixé les limites de ce droit.

Le second droit social de l'homme est le pouvoir paternel dont les limites sont naturellement déterminées et fixées par l'utilité des enfants.

Le troisième droit social de l'homme est celui de s'entraider avec ses semblables ; les limites de ce droit sont fixées par la loi naturelle qui sauvegarde la dignité humaine.

Il appartient à l'Etat de protéger ces droits, d'en confirmer les limites naturelles, de les préciser au besoin et de prévenir et réprimer les abus auxquels ils pourraient donner lieu.

11e LEÇON

NATURE DE LA SOCIÉTÉ CIVILE

Le droit familial a pour base la dépendance qui existe de par la nature entre l'homme et la femme, entre les parents et les enfants, le maître et le serviteur; il a pour limite le droit individuel des uns et des autres. La famille constitue donc une personne morale, une société ayant des droits plus étendus que l'individu.

Mais pour jouir plus complètement de l'exercice de leur droit et pour les faire respecter avec une énergie efficace, les familles et leurs membres doivent former une société plus étendue, dans laquelle de communs efforts obtiennent un perfectionnement auquel des actions séparées ne pourraient pas prétendre. Cette société est la société civile.

La société civile n'est donc pas une simple

juxtaposition d'hommes ou de familles, un aggrégat, une réunion matérielle ; mais elle comporte nécessairement dans sa notion une communauté de vues et de libres vouloirs. Ce sont des hommes et non pas des brutes qui s'associent. Or, l'homme est homme par la liberté. La liberté est donc une des conditions essentielles de la vie civile.

Je puis donc définir la société civile, une association d'hommes qui se proposent d'atteindre par de communs efforts une même fin connue et voulue. Cette fin est ordinairement désignée sous le nom de bien commun.

C'est de cette unité de but que la société tire sa propre unité, en telle sorte que si chacun des membres pouvait se proposer telle fin ou telle autre, la communauté des efforts cessant d'exister il n'y aurait plus de société. Il faut donc nécessairement admettre dans la société un principe qui, de droit, détermine le bien commun et dirige l'action sociale. Ce principe est le pouvoir, l'autorité sociale, ou pour parler d'une manière plus concrète, c'est le gouvernement.

Aussi dans la constitution de la société distinguons deux éléments nécessaires : l'un matériel qui est la multitude des hommes ; l'autre formel qui les unit entre eux, c'est le gouvernement. Cette autorité donne à la multitude des hommes la *forme sociale*, elle en fait des citoyens.

Il faut observer que le gouvernement ne doit pas cesser de diriger les citoyens en vue du bien commun qu'ils se proposent dans l'association ; car sitôt que le pouvoir s'écarte de cette intention, il devient tyrannique et viole la liberté des sujets qui est, avons-nous dit, une des conditions essentielles de l'état social.

Il ne faut point se méprendre sur l'importance de cette remarque, mais on ne doit pas y voir une tendance au libéralisme dont le principe diffère de celui que nous proposons. Il s'agit en effet d'une liberté selon la raison et selon la loi naturelle qui limite et fixe le droit du gouvernement à l'égard de la société et des citoyens.

C'est encore en considérant le bien commun

que se proposent immédiatement les sociétés,
qu'on arrive à en distinguer plusieurs sortes.

Nous avons parlé précédemment de la famille
ou société domestique.

Si l'on trouve plusieurs familles unies par le
sang, qui sous la direction de l'aîné de toutes
travaillent pour leur intérêt commun, on a la
société patriarchale :

Mais si les familles ont intérêt commun non
à raison de la consanguinité, mais à raison de
la cohabitation dans un même lieu, leur société
prend le nom de cité, de municipe, de commune,
de ville ou de village.

Quand plusieurs communes ont un même
intérêt elles forment une province.

Il ne faut pas, croyons-nous, confondre la
province avec le département. Le département
est une subdivision administrative d'un état ;
mais il n'a pas toute cette autonomie, résultant
d'intérêts communs propres, qui caractérise la
p. ovince. Le département centralise les villes
autour de la capitale ; la province tend au contraire à décentraliser.

On sait que la révolution a opéré en France

la centralisation en détruisant les provinces; mais l'état provincial s'imposant par la communauté des intérêts propres à telle ou telle région d'un grand pays, on a conçu l'idée des « syndicats de communes » qui sont en réalité des embryons de provinces.

Plusieurs provinces unies dans une communauté d'intérêts forment un état.

Il ne faut pas confondre un état et une nation. Un état, comme l'Autriche par exemple, peut se composer de plusieurs nations. Mais un état n'est en réalité une nation qu'autant qu'il se compose de peuples homogènes : ainsi les auvergnats et les provençaux, etc., forment la nation française.

Les sociétés publiques qui composent immédiatement un état ou une nation sont appelées sociétés hypotatiques, sociétés sujettes, sociétés subordonnées.

Plusieurs états, plusieurs nations peuvent, comme sociétés hypotatiques, former un grand corps moral, qui, selon le régime de son gouvernement, prend le nom de confédération ou d'empire. C'est là la société ethnarchi-

7

que (1) dont les États-Unis, et les empires d'Allemagne et d'Autriche nous donnent une idée.

Puisque les diverses sociétés se distinguent d'après leurs fins spéciales, et que d'ailleurs il appartient à l'autorité de diriger le peuple en vue de cette fin, il nous faut aussi distinguer trois sortes d'autorités : l'autorité municipale, l'autorité nationale et enfin l'autorité ethnarchique.

Saint Thomas, dans un commentaire sur le chapitre XII de l'Évangile selon Saint Mathieu, précise suffisamment la fin propre à chacune de ces sociétés.

La communauté familiale consiste dans la communauté des actes propres aux époux, aux enfants, aux parents, aux maitres et aux serviteurs.

La communauté municipale se propose l'acquisition des choses nécessaires à l'existence et pour ce, elle constitue une société parfaite.

Quant à la communauté nationale elle se propose la défense des villes et la tranquillité de leurs habitants.

1. (Ethnos, nation).

Après avoir donné ces diverses notions nous pouvons en tirer tout de suite des conséquences.

1° Bien que toute société requière nécessairement une autorité quelconque, la nature de cette autorité diffère selon la fin commune que se propose chaque société en particulier.

2° L'élément matériel immédiat de la famille consiste dans les individus qui la composent ; l'élément matériel immédiat de la cité municipe consiste dans les familles et l'élément matériel immédiat de l'Etat consiste dans les municipes.

Rousseau, Beccaria (1) et d'autres ont prétendu le contraire et ont voulu trouver dans les individus l'élément matériel immédiat de l'Etat. Mais ce sentiment ne doit pas être admis ; en effet on ne peut donner le nom d'éléments *immédiats* qu'à ceux qui concourent *immédiatement* à la formation de l'Etat. Or ce sont les municipes qui ayant, nous l'avons dit, une fin pro-

1. Beccaria phil né à Milan au xviiie siècle. Son traité des délits et des peines, a révolutionné le droit criminel en Europe.

pre, sont des sociétés parfaites et constituent immédiatement l'Etat par leur union. Elles sont elles-mêmes immédiatement formées par l'union des familles, des foyers.

3° Conséquence.

La société humaine est un corps moral organique et non pas autome (1).

Pour entendre ce corollaire, dont l'importance est considérable en politique, il faut remarquer que le corps organique est celui qui a une activité, une vie propre par laquelle il peut, malgré sa subjection, résister au moins physiquement au principe dont il dépend et qui le meut.

L'être autome est au contraire dépourvu de toute activité, il est passivement soumis à son moteur et il ne peut aucunement lui résister.

Cette observation nous permet de distinguer avec saint Thomas deux sortes d'autorité : l'autorité despotique et l'autorité politique.

La première est celle qu'a un maître sur des

---

1. (Automatique).

esclaves qui comme tels n'ayant aucun droit, sont incapables de résister à la volonté de celui qui commande.

Le pouvoir politique régit au contraire des êtres *libres,* qui bien que soumis à un chef, conservent encore quelque chose de propre, par quoi ils peuvent lui résister.

Par exemple dans l'homme, l'âme exerce un pouvoir despotique sur tous les membres du corps: le pied, la main se meuvent au gré de sa volonté et n'ont aucune volonté propre.

Il n'en est pas de même de la sensibilité qui a une action propre et qui peut résister à la volonté raisonnable. Sur l'appétit sensible, l'âme exerce donc un pouvoir politique.

En nous souvenant de ce que nous avons dit au commencement de cet entretien: que l'homme est, comme tel, être sociable, c'est-à-dire en tant que doté de raison et de liberté, il est évident que dans la famille l'individu conserve son action individuelle propre, que dans la cité la famille conserve aussi la liberté de vie et que les cités dans l'état conservent des libertés ou franchises municipales.

Tous les membres de l'Etat sont donc des membres vivants ; il faut dire l'*organisme* social et non pas, comme on le dit trop souvent, le mécanisme social.

Il nous faut maintenant bien déterminer quelle est la fin immédiate que se propose la société civile.

Il est évident que les hommes ne s'associent pas dans des sociétés particulières et que ces sociétés elles-mêmes ne se groupent pas politiquement pour en subir un désavantage, mais au contraire pour se perfectionner en unissant leurs forces et en se prêtant mutuellement secours.

Or qu'est-ce qui constitue le perfectionnement, le progrès sur cette terre, si ce n'est l'acquisition d'une plus grande somme de bonheur, de bien-être. Ce bonheur a toujours des côtés défectueux, il faut en convenir, mais c'est un bien-être relatif (1), tel qu'on peut y prétendre en ce monde ; ce n'est pas sans difficulté qu'on

1. Remarquez l'importance de cette vérité trop oubliée par les socialistes

peut l'atteindre et cette difficulté augmente si l'homme est livré à ses seules forces.

Donc *le but immédiat de l'association civile* est de procurer à ses membres des moyens pour qu'ils puissent plus facilement et plus efficacement atteindre le bien-être relatif, le bonheur imparfait de ce monde.

Mais remarquons encore que les biens les plus nobles sont surtout ceux de l'intelligence et du cœur; or, l'homme ne peut les acquérir et devenir vraiment heureux s'il ne subordonne son bien-être matériel au perfectionnement moral et à la pensée d'une félicité absolument parfaite qu'il espère trouver dans une autre vie.

Donc si le but immédiat de la société est le bonheur relatif de ce monde, son terme médiat et dernier doit être le bonheur parfait pour la vie à venir.

Si ce bonheur parfait est pour le chrétien un objet d'espérance certain, il a pour tout homme de sens au moins une probabilité suffisante pour que la société lui subordonne son bonheur imparfait en ce monde.

En un mot le droit de la société civile a pour
étendue tout ce qui se rapporte au bonheur
relatif de ce monde, il a pour limites les exigences de l'espoir d'un bonheur parfait dans une
autre vie (1).

L'état en effet ne peut par lui-même décider
définitivement des récompenses et des châtiments d'outre-tombe, il ne peut prononcer
infailliblement de leur existence ou de leur non
existence. C'est une sphère qui échappe à ses
investigations. Or, dès lors qu'une foi religieuse
prononce avec certitude sur l'existence d'une
autre vie et qu'un nombre de citoyens profes-
sent cette foi, le gouvernement civil ne peut,
sans outrepasser ses pouvoirs et ses droits,
entraver la liberté des citoyens dans l'acquisition du bonheur parfait, dès lors qu'il est seulement capable de leur donner un bonheur relatif.

Ce n'est pas encore le moment de parler des
rapports de la société civile et de la société reli-

1. Minimum pour l'état qui professe la neutralité religieuse.

gieuse, mais nous ne devons pas oublier l'importance des conclusions que nous venons de déduire, car elles nous serviront de principes, lorsqu'il s'agira en particulier du droit public de la religion.

Donc d'un côté les droits naturels de l'individu et de la famille, de l'autre les droits de la société religieuse telles sont les limites du champ dans lequel la société civile peut légitimement exercer son autorité, pour procurer à ses membres un bien-être relatif.

Or, en quoi consiste ce bien-être relatif ? Nous l'avons déjà insinué.

Il consiste surtout dans le perfectionnement de l'esprit et du cœur et en second lieu dans une abondance suffisante de biens matériels, par lesquels les citoyens se trouvent amicalement unis entre eux.

En conséquence le gouvernement doit tout d'abord et surtout, établir des moyens qui favorisent l'honnêteté et les mœurs; ensuite il s'occupera dans la mesure raisonnable du bien-être matériel ; mais il travaillera encore plus à inculquer aux citoyens cet amour, cette frater-

7

nité, requise pour la paix sociale, paix sans laquelle la société ne peut avoir aucune consistance.

Si le perfectionnement de l'esprit et du corps regarde plus immédiatement le bien propre des individus, il faut reconnaître que la fraternité se rapporte plutôt à l'unité sociale elle-même.

Je suis heureux de constater que ces principes qui sont ceux de la philosophie scolastique peuvent se résumer dans cette devise : liberté, fraternité. Le tout est de ne pas entendre ces mots dans un sens pervers.

Oui, liberté : c'est la condition essentielle de l'état social, parce que l'homme vit en société, en tant qu'être raisonnable et libre et que partant il conserve les droits individuels qui découlent de sa nature ; ces droits sont aussi inaliénables et imprescriptibles que cette nature elle-même. Mais la vraie liberté n'est pas celle qui prétend créer le droit et prescrire contre lui. Une telle liberté lorsqu'elle est au profit d'un seul, s'appelle tyrannie, despotisme ; lorsqu'elle est au profit de tous on la nomme licence, tyrannie non moins redoutable pour les gens honnêtes, car c'est celle des passions des masses populaires. Je veux la liberté, mais je veux la vraie liberté.

Je veux aussi la fraternité.

Non pas cette fraternité de parti, de cabale et de camaraderie qui est le principe de tant de révolutions funestes à la société ; mais cette fraternité large, libérale qui unit tous les citoyens dans un intérêt commun et sait employer tous leurs moyens, tous leurs talents respectifs pour le progrès de la chose publique (1).

1. Une bonne politique substitue à la lutte des partis la concentration des intérêts. Le mouvement corporatif qui se manifeste partout aujourd'hui, peut avoir cet heureux résultat surtout s'il a pour principe d'unir dans un même groupe celui qui travaille et celui qui fait travailler. C'est le principe des syndicats mixtes.

12ᵉ LEÇON

Origine de la société civile.

Nous avons, dans la leçon précédente, nettement déterminé la nature de la société civile. Après ce premier travail il nous faut tout d'abord résoudre deux questions.

1° Les hommes vivent-ils en société ?

2° Pourquoi les hommes vivent-ils en société ? Quelle est la cause de l'état social ?

La première question n'est pas difficile à résoudre, car c'est un fait constaté qu'il existe des sociétés et nous trouvons un état social bien imparfait, il est vrai, jusque dans les peuplades sauvages qui obéissent à un chef, qui ont des coutumes religieuses et guerrières et qui savent se partager un butin.

La solution de la seconde question est plus difficile.

Quelle est la cause de l'état social ?

1° Les uns disent que c'est la nécessité de réprimer par la force l'égoïsme individuel ;

2° D'autres affirment que c'est la libre volonté des hommes ;

3° D'autres soutiennent que c'est la nature humaine elle-même qui réclame l'état social, pour le plein développement de ses facultés.

Ce dernier sentiment est celui qui a été le plus communément suivi, jusqu'à la révolution française.

Néanmoins déjà chez les philosophes anciens nous trouvons un certain Climias de Crète, les épicuriens et les matérialistes qui suivent un système opposé.

Ce dernier système a été soutenu par le philosophe anglais dont nous avons parlé l'an passé, Thomas Hobbes, et peut se résumer ainsi.

Laissant de côté tous les témoignages historiques, Hobbes fait de l'histoire *a priori*.

Au commencement, dit-il, les hommes vivaient dans les forêts, dispersés çà et là ; ils n'avaient pas la raison, mais comme des animaux ils suivaient l'instinct de leurs facultés sensibles ; l'égoïsme qui les guidait dans la recherche du plaisir, de la volupté, était leur unique règle de conduite.

Aussi l'homme détestait son semblable, il était en guerre perpétuelle avec lui et cet état d'hostilité était l'état naturel de l'homme.

Cependant par la guerre, l'homme nuisait à l'homme. L'homme dans la recherche égoïste du plaisir voulut mettre un terme à cet état de lutte constante et il lui vint l'idée, à lui qui jusqu'alors n'avait pas eu la raison (essayez de comprendre cela ! quelle logique ! grand Dieu !) il lui vint l'idée de constituer une société, de fonder une autorité puissante pour empêcher que l'homme nuisit à l'homme et enfin de régir cette société par des lois qui sont ainsi devenues les règles suprêmes de la moralité.

Tels sont les dires de Hobbes dans ses livres « du citoyen » et du « leviathan ». Et c'est ce système qu'adoptent volontiers tous les partisans du sensisme et même les positivistes, qui n'ont de positif que leur nom, car ils aiment assez l'hypothèse et le fantastique.

Or, le système d'Hobbes n'est qu'une hypothèse, car en affirmant des faits, il n'apporte
aucune preuve historique.

Même au point de vue rationnel ce système
est absolument faux, car il repose tout entier
sur un principe erroné.

L'homme déteste naturellement l'homme. La
misanthropie n'est plus un travers de l'esprit,
c'est au contraire la condition normale de l'espèce humaine.

J'accorde que l'homme peut détester l'homme
en tant que celui-ci porte atteinte à ses intérêts:
soit ; mais l'homme ne déteste pas l'homme en
tant qu'homme, au contraire il l'aime.

Ainsi que le dit Juvénal dans sa satire XV,
les animaux féroces eux-mêmes recherchent et
aiment leurs semblables. Prenons un exemple que nous avons constamment sous les yeux ;
deux chiens se mettent à jouer ensemble dès
qu'ils se rencontrent et ils ne deviennent ennemis que lorsqu'ils se disputent un morceau de
nourriture. L'amour précède donc la haine, il
en est la condition normale et naturelle.

Or, l'homme, lui aussi, aime son semblable

en le considérant d'abord comme animal. Pour répondre aux sensualistes par leurs propres arguments, je dirai que le plus libertin n'assassinera le ravisseur de sa maitresse, que parce qu'il aime éperdument celle-ci. Donc dans le domaine des passions sensuelles, l'amour précède naturellement la haine.·

Mais je veux m'élever à un point de vue plus spiritualiste et dire avec saint Thomas d'Aquin (I. II q. XXVII, art. III) que l'homme s'aime naturellement lui-même. Et parce qu'il s'aime, il doit aimer aussi naturellement sa propre image, qui le reproduit pour ainsi dire lui-même. C'est là la philosophie du portrait ou du miroir. Or, l'homme ne peut trouver une plus parfaite image de lui-même que dans l'être qui a communauté de nature avec lui, que dans son semblable. Donc l'homme aime son semblable.

Conclusion : le système de Hobbes manque de bases historiques, il s'appuie sur un principe faux ; donc il ne nous fait pas connaître la véritable cause de l'état social.

J.-J. Rousseau a un autre système. Il suppose qu'à l'origine les hommes vivaient dans les bois, disséminés çà et là sans aucune association. Ils étaient dépourvus de raison, se conduisaient comme les bêtes et, ne subissant aucune autorité sociale, jouissaient d'une entière liberté. C'était là le véritable état naturel de l'homme, c'est-à-dire le plus conforme à sa nature, le plus favorable à sa liberté, et par conséquent c'était un état préférable à l'état social où nous nous trouvons.

Dans le cours des siècles les hommes virent en eux la raison se développer et usant de cette liberté qu'ils avaient dans l'état de nature, ils sortirent volontairement de cet état et convinrent de vivre en société. Cette convention est le pacte, le contrat social.

Mais puisque les hommes ont formé librement ce contrat, ils peuvent le rompre si cela .eur plait et retourner à l'état naturel, qui est préférable.

Tel est le système de Rousseau dans son livre « du Contrat social, » système qui au fond ne diffère guère de celui de Hobbes en telle sorte que la critique du système de Rous-

seau se trouve être en même temps celle du
système du philosophe anglais.

Rousseau part de ce principe que les hommes étaient à l'état d'isolement, vivant sans
loi, comme les bêtes dans les forêts. Rousseau
affirme, mais il lui est impossible de dire d'où
il a appris le fait de cet état primitif de sauvagerie.

Ce n'est certes pas par le témoignage ; car les
historiens sacrés et profanes, les monuments
de l'homme primitif ou même préhistorique,
les cités lacustres attestent au contraire un état
social quelconque. Cette vérité ressort encore
plus si l'on rapproche dans un musée les monuments préhistoriques et ceux des peuplades
d'une civilisation arriérée, si l'on fait de l'ethno-
logie comparée.

Donc Rousseau ne peut affirmer son principe et le prouver ensuite par l'histoire. Il ne
doit lui reconnaître que la valeur tout au plus
d'une hypothèse, d'un rêve. Or, quand le principe est ainsi ébranlé, le système qui l'a pour
base, ne peut guère être solide.

Sans valeur au point de vue historique, le système est absurde au point de vue psychologique.

Rousseau suppose à l'origine des hommes sans raison ; mais des êtres sans raison sont-ils des hommes ? N'est-ce pas la raison qui fait l'homme : première contradiction.

Rousseau dit que la raison est advenue plus tard dans l'homme animal. Donc, dans ce système, la raison n'est qu'un progrès de la faculté sensitive, c'est le pur matérialisme ; l'homme ne diffère de la bête que d'une manière tout à fait accidentelle, par un plus ou moins, comme le chien diffère des autres animaux par plus de perfection dans la connaissance sensible.

N'est-ce pas méconnaître la nature propre de la raison, faculté suprasensible et tomber ainsi dans une deuxième contradiction.

Rousseau accorde à ses hommes primitifs la liberté. Or, il est impossible qu'il puisse entendre autre chose par ce mot que l'instinct animal et brutal, car la liberté rationnelle suppose la raison comme sa cause. D'autre part, l'instinct brutal n'est pas libre. Donc Rousseau tombe encore ici dans une contradiction. C'est la troisième.

Tel est le chef-d'œuvre du père de la révolu-

tion. Il peut se faire que quelques-uns refusent
d'admettre comme vraie la doctrine que j'expo-
serai tout à l'heure, mais il me semble qu'on
doit reconnaitre, en présence d'une assertion
fausse et gratuite pour principe et de contradictions si manifestes, que Rousseau n'est pas un
grand sociologue.

Son système est déplorable par ses conséquences.

La vie isolée, dit-il, est plus conforme à la
nature humaine que la vie de société. Donc il
faut détruire la société par l'anarchie universelle. Ainsi l'homme jouira et abusera de ses
facultés et de sa liberté. Et cela est non-seulement bon et licite, mais c'est même un devoir,
car c'est la nature qui y pousse.

Sans doute tout esprit honnête reniera ces
conséquences absurdes et immorales; quelques
admirateurs du philosophe ne verront là qu'une
boutade contre la société corrompue du xviiie
siècle. Il n'en est pas moins vrai que tous les
politiques corrupteurs et corrompus de notre
époque adoptent le système et le mettent plus
ou moins en pratique.

Dès lors que l'origine de la société ne se trouve pas dans un contrat volontaire, comme le dit Rousseau, et non plus dans la nécessité d'une force répressive, il nous reste à dire et à démontrer que la cause de l'état social se trouve dans la nature humaine elle-même.

Remarquons tout d'abord que je ne traite pas la question à un point de vue particulier; je n'examine pas l'origine de telle ou telle société qui peut avoir eu pour cause, par exemple un pacte volontaire, un contrat, mais je parle de l'état social en général, et je dis : « *l'homme est par nature destiné à vivre en société.* »

Pour établir cette thèse, il suffit d'analyser la nature humaine et de voir si par ses tendances et par ses besoins elle réclame l'état social.

L'instinct de la conservation est général chez tous les animaux et la nature leur a donné, au service de cet instinct, tout ce qui est nécessaire pour leur nourriture, leur vêtement et leur défense. Or, chez l'homme il n'en est pas de même ; il a lui aussi l'instinct de la conservation, mais la nature ne l'a pas pourvu de tout ce qui lui est nécessaire pour se conserver l'existence. Il a au lieu de tous ces moyens l'intelligence, la raison qui dirige l'industrie de ses mains par laquelle il supplée au défaut de la nature. Mais durant les premières années de sa vie, comme durant les dernières, l'homme est incapable d'une industrie personnelle. Même à l'âge viril tout homme n'a pas toutes les aptitudes nécessaires pour se procurer tout ce dont il a besoin. Il se trouve donc dans la nécessité d'avoir recours aux services et à l'industrie d'autrui. De là naissent en principe le commerce et l'état social. Donc l'instinct de la conservation chez l'homme, instinct qui est naturel, réclame l'état social et je conclus en toute rigueur ; « *l'homme est par nature destiné à vivre en société.* »

La vérité de cette démonstration ressort encore de l'inaptitude individuelle de l'homme à discerner les choses qui lui sont nuisibles de celles qui lui sont utiles.

L'animal fait par instinct cette distinction. La brebis connait naturellement le loup comme étant son ennemi ; certains animaux connaissent des plantes médicinales ; toutes les bêtes savent trouver la nourriture qui leur convient.

Or il n'en est pas de même pour l'homme ; c'est la conscience et l'expérience qui l'attestent. Ce n'est pas par instinct que nous savons que la ciguë est un poison ; l'enfant est porté à manger tous les fruits dont l'aspect est agréable.

Donc l'homm ne connaît ce qui lui est utile et ce qui est nuisible que d'une manière tout à fait vague. Il lui faut un travail rationnel et une expérience prolongée, travail et expérience pour lesquels l'activité d'un seul individu ne peut suffire, s'il s'agit de connaître dans leur détail les choses utiles et les choses nuisibles. Donc l'homme a encore de ce chef *naturellement* besoin de la société ou, ce qui est ma 'hèse, « *l'homme est par nature destiné à vivre en société*. »

L'existence du langage, (1) qui est naturellement propre à l'homme, montre encore qu'il doit naturellement vivre avec ses semblables

1. Il ne s'agit pas de tel langage en particulier mais du langage en général.

et recevoir d'eux instruction et l'éducation par mutualité. L'homme ignorant a une existence qui se rapproche de celle de la brute. Or, sans la société l'homme demeure ignorant. *Donc l'homme est par nature destiné à vivre en société.*

Ajoutez à ces preuves cet amour naturel de l'homme pour l'homme, amour dont nous avons déjà parlé et qui met en relation immédiatement et nécessairement deux hommes dès qu'ils se rencontrent, vous serez obligé de convenir qu'il est impossible physiquement et moralement à la race humaine de vivre hors l'état social et *que l'homme est par nature* et *non par un libre* contrat, destiné à vivre en société. C'est ce qu'il fallait démontrer.

Pour achever cette démonstration il nous faut refuter les objections de Rousseau et de Hobbes contre l'état social naturel.

1° Enlevez, dit Rousseau, à l'homme, les facultés dont il est orné dans notre société et vous avez un être sauvage et antisocial.

Je répondrai que si j'enlève radicalement à l'homme la raison qui est une faculté essentielle, je n'ai plus un homme mais une bête, et

c'est une absurdité pour connaitre la vraie nature de l'homme de supprimer une faculté *essentielle*.

Si je me contente d'atrophier cette faculté, en
lui enlevant le développement qu'elle a dans
l'état social, il est vrai qu'alors j'ai l'homme
sauvage. Mais, dans cette hypothèse, la raison
conserve naturellement une tendance à se développer. Or, comme ce développement ne peut
avoir lieu qu'à l'état social, l'être raisonnable,
*l'homme se trouve par nature destiné à vivre en
société.*

2° L'homme livré à lui-même tombe dans la
sauvagerie. Donc l'état sauvage est l'état naturel de l'homme.

D'un principe vrai Rousseau tire une conclusion fausse. De ce que l'homme livré à lui-même tombe dans la sauvagerie, on doit plutôt
conclure que l'état social lui est nécessaire pour
son perfectionnement naturel. Ce n'est donc pas
par nature, mais par vice ou défaut des conditions requises par la nature, que l'homme
devient sauvage.

3° Si l'état social est naturel, les anachorètes

qui vivent dans la solitude ont une existence contre nature.

Nous répondrons: de même que le savant qui est retiré du monde pour se consacrer tout entier à la découverte de la vérité ne se sépare pas de la société, mais lui demeure moralement uni et lui est utile, ainsi l'anachorète dans sa vie solitaire se livre à la contemplation, à l'exercice de la vertu et à la pénitence; ce n'est pas un misanthrope, il est utile à ses semblables par ses prières, par ses exemples et par le sacrifice de lui-même qu'il offre à Dieu pour l'expiation des crimes de l'humanité.

Il est donc constant que l'homme est par nature destiné à vivre en société. Or, comme par nature l'homme est un être libre dont la raison morale doit guider tous les actes, je dois conclure que l'état social s'impose à lui comme un devoir moral auquel il ne peut se soustraire. La liberté qui est une des conditions essentielles de la société humaine, ne consiste donc pas, comme Rousseau le prétend, dans le droit de rompre le pacte social, mais c'est la liberté morale, source de mérite et de démérite, qui demeure toujours en présence d'un devoir.

Il y a donc pour chaque homme un devoir social imposé par la nature même. Quand ce devoir est oublié les liens de la fraternité se rompent, les antagonismes naissent au sein de la société, l'autorité est méconnue et sans prestige.

Alors la Providence vient par le feu et le sang châtier le peuple qui a méconnu ses desseins, et sous un joug de fer, qui est l'étranger ou l'autoritarisme, elle dompte les révoltés, réveille les indifférents égoïstes et rétablit partout l'ordre social.

13ᵉ LEÇON

Nous avons déjà démontré que c'est l'autorité qui donne la forme sociale au groupement des individus et des familles en leur donnant une commune direction. La nécessité du pouvoir social est donc indiscutable et nous pouvons le définir : la faculté ou le droit de gouverner la république.

Mais quelle est l'origine de ce pouvoir, de cette faculté, de ce droit? Cette question est intimement liée à celle que nous avons posée et résolue dans la conférence précédente.

C'est donc encore Rousseau que nous avons à prendre à partie, car sur l'origine du pouvoir il a nécessairement les mêmes principes que sur l'origine de la société.

Exposons d'abord son système.

« Les hommes vivent à l'état social parce que cela leur plaît, parce qu'ils ont librement adopté cet état, sans que la nature les y ait contraints. Or, comme l'état social requiert un pouvoir social, il faut chercher dans la libre volonté des hommes et en elle seule la raison de ce pouvoir et son origine.

Dans l'état sauvage, qui est l'état naturel de l'homme, au dire de Rousseau, chaque individu a le droit de se gouverner lui-même.

Pour constituer la société, les individus renoncent à ce droit en faveur de la communauté.

Il arrive ainsi d'une part que chaque associé place sous la direction suprême de tous les associés, de leur *volonté générale*, et sa personne, et son activité ; d'autre part chaque associé se trouve recevoir le droit de chacun des autres membres de la société, comme étant partie d'un seul tout indivisible.

Donc l'autorité sociale n'est que la somme des volontés individuelles, somme qui est la volonté générale et à laquelle Rousseau donne

8.

divers noms selon le point de vue auquel il la considère.

Par la force du contrat social au lieu et place de l'individu, se trouve un corps moral et collectif, composé d'autant de membres qu'il y a de suffrages exprimant la volonté générale ; ce corps en tant qu'exprimant cette volonté par des suffrages est « l'assemblée ». De même par le contrat social le corps social reçoit son unité, son *moi*, sa vie, sa responsabilité : c'est la *personne publique* qui est formée de l'union de tous les particuliers et qui fut successivement appelée « la cité », la république, le corps politique. Si on parle de ce corps au point de vue des membres qui le compose, on le nomme *État*, pour exprimer la situation passive des individus soumis à la volonté générale ; *prince suprême*, pour exprimer le rôle actif de la volonté générale qui fait la loi et donne mandat à ses fonctionnaires ; *puissance*, lorsqu'on le compare à d'autres corps sociaux.

Le peuple, c'est la collectivité des membres qui pris séparément sont appelés *citoyens* ou *sujets*, selon qu'on les considère comme particu-

pant à la volonté générale ou comme soumis à
cette volonté. »

Telle est la théorie de Rousseau sur l'origine
de l'autorité sociale, théorie séduisante et
construite avec une rigueur logique et une
clarté indiscutables. Ce n'est donc pas par la
critique des détails que nous devons la com-
battre, c'est en nous élevant à son principe que
nous devons en démontrer la fausseté.

Le principe de Rousseau, nous l'avons exa-
miné dans la précédente conférence ; nous avons
fait voir que c'est une hypothèse en opposition
avec l'histoire, avec les faits, une hypothèse
qui contient trois contradictions au point de
vue psychologique, et qui conduit aux plus
funestes conséquences.

La sauvagerie, a dit Rousseau, est l'état
naturel de l'homme ; nous avons établi au contraire que *l'homme est par sa nature destiné à
vivre en société*.

Or, la société n'est possible que par l'autorité
qui lui donne sa forme, qui unit les membres
de la collectivité. Donc c'est par nature que
l'homme est soumis à l'autorité sociale, et non

par le fait d'un contrat qu'il peut à son gré rési-
lier. La soumission à l'autorité est donc
comme l'état social lui-même un devoir pour
l'humanité.

Or, comme pour celui qui croit en Dieu, Dieu
est l'auteur de la nature, on pourra avec
toute logique conclure que c'est de Dieu que
vient immédiatement le pouvoir social.

Tel est le sens de ce mot profond de saint
Paul aux Romains : (XIII, 6) « *Omnis potestas a
deo.* »

Quoiqu'il en soit de votre croyance en Dieu,
vous devez au moins reconnaître que l'autorité
sociale est un dessein de la nature et que le
principe qui dirige toute la démonstration de
Rousseau : « il n'y a pas d'autorité sans pacte
libre » est un principe absurde.

Remarquez bien qu'en démontrant la nécessité naturelle du pouvoir social, je parle d'une
manière abstraite et générale ; je dis qu'il faut
une autorité, dont un chef quelconque est dépositaire, mais je n'ai pas encore désigné d'une
manière précise et concrète quel est ce chef.

Le chef suprême de la société est-il le peuple lui-même qui se donne des lois et délègue ensuite des fonctionnaires pour les exécuter en son nom ?

Ou bien, le peuple a-t-il seulement le droit de choisir le chef et celui-ci se trouve-t-il par le fait de l'élection, naturellement investi du pouvoir social ?

Tel est le problème que nous avons à résoudre.

Rousseau, nous l'avons vu, et tous les révolutionnaires à sa suite admettent le principe du peuple souverain. C'est même là le principe de ce qu'on est convenu d'appeler la *société moderne*, principe néfaste que le catholicisme n'a jamais voulu reconnaître et qu'il ne reconnaîtra jamais (1).

Nous sommes et avons toujours été disposés à accepter toutes les formes de gouvernement, démocratie, empire ou monarchie, mais quelque

1. Je prie mes lecteurs de bien peser toutes mes paroles et de ne pas me faire dire ce que je ne dis pas Il ne s'agit pas ici de condamner la forme démocratique, mais de rechercher quelle est dans la société fondamentale la source première du pouvoir.

soit le chef que le peuple se choisisse, assemblée législative, roi ou empereur, nous nous refuserons toujours à admettre que ce chef soit un simple délégué du peuple. Le pouvoir qu'il exerce vient d'en haut, il vient de Dieu, de l'auteur de la nature, ou si vous le préférez, il vient de la nature même de l'état social auquel, nous l'avons dit, l'homme est naturellement destiné.

Et c'est parce que la société moderne s'est acharnée à défendre le principe de souveraineté populaire qu'elle a été bouleversée par tant de révolutions, divisée en tant de partis et si instable dans toutes ses institutions.

Conséquence forcée du principe « la sauvagerie est l'état naturel de l'homme, » le principe de la souveraineté populaire nous conduit par un état latent d'anarchie à la sauvagerie dégradante.

Quand vous constatez des haines profondes qui fermentent à tous les degrés de l'échelle sociale, vous êtes témoins du mal produit dans tous les esprits par les théories de Rousseau, par ces principes de 89 qui doivent mourir avec la société bâtarde à laquelle ils ont donné le jour.

L'article III de la déclaration des droits de l'homme dit : « le principe de toute souveraineté réside essentiellement dans la nation : nul corps, nul individu, ne peut exercer d'autorité qui n'en émane expressément ». L'article VI dit : « la loi est l'expression de la volonté générale ; tous les citoyens ont droit de concourir personnellement ou par leurs représentants à sa formation. »

Je soutiens au contraire.

« *La souveraineté ne réside pas dans la nation comme dans son principe.* »

En effet, on ne peut admettre que la souveraineté réside dans un être qui ne peut l'exercer : avoir un pouvoir et être en même temps dans l'absolue impossibilité de s'en servir, c'est en réalité ne *pas être maître* de ce pouvoir.

Or, Rousseau reconnaît que le peuple ne peut exercer lui-même l'autorité. Donc la souveraineté ne réside pas dans le peuple.

Pour échapper à cette conclusion Rousseau dit que si le peuple ne peut exercer par lui-

même la souveraineté, il peut l'exercer par des
délégués, des représentants, des ministres qui
agissent en son nom.

Nous compléterons donc notre démonstration
par ce raisonnement.

Si le gouvernement n'agit que par délégation
du peuple, celui-ci est en droit le vrai maître ;
il peut donc à son gré examiner les lois que le
gouvernement promulgue, les approuver ou
les récuser et le gouvernement ne peut plus
légitimement les imposer par la force.

Or, c'est précisément le droit d'imposer par
la force les lois qui constitue le véritable et
principal exercice de la souveraineté, exercice
que Rousseau refuse au peuple. Donc autant
vaudrait-il dire qu'il n'existe aucune autorité
sociale, que de dire qu'elle réside dans le peuple comme dans son principe.

Jusqu'à présent l'argumentation de Rousseau, bien que partant d'un principe faux, a été
aussi logique que la nôtre qui part d'un principe opposé. Mais c'est ici que nos adversaires
à bout de ressources doivent tomber dans le
ridicule et l'enfantillage pour soutenir un sys-

tème qui manque de base. Ils diront que le
peuple doit avoir l'exercice même de l'autorité
et que les lois pour obliger ont besoin de l'approbation populaire.

Je ne dis pas que, dans certains cas exceptionnels, on ne puisse avoir recours à l'appel au
peuple, mais l'approbation populaire ne peut
être de l'essence de l'état social, car, avec l'appel au peuple, la législation serait pratiquement impossible et la société sans consistance.

Il faut donc que si le peuple récuse une loi,
il y ait un pouvoir supérieur à lui qui dise :
nous voulons que cette loi soit observée, parce
que le bien de la société la réclame et nous
mandons à tous les officiers de l'état d'en assurer par la force l'exécution.

Dès lors que le peuple ne peut exercer la souveraineté ni par lui-même, ni par des délégués,
il nous faut donc conclure qu'elle ne réside pas
en lui comme dans son principe ; que les magistrats élus par le peuple ne soit pas ses instruments, mais qu'ils reçoivent l'autorité par
le fait même de la nature ou de son auteur qui

destine l'humanité à l'état social. C'est ce qu'il fallait démontrer.

Il nous reste à voir pourquoi et comment se fait l'élection du chef, dépositaire du pouvoir social. Si la nature exige une autorité dans la société, elle ne désigne pas en effet, d'une manière déterminée, quel doit être ce chef; la forme du gouvernement et les individus qui doivent exercer le pouvoir sont laissés au libre choix de la société. Il n'y a, de par la nature, pas plus de raison pour que ce soit Paul que Pierre qui gouverne. Les hommes en venant au monde n'ont pas un droit naturel à gouverner les autres, et, puisqu'il faut un chef dans l'Etat social, c'est par un acte positif du peuple que ce chef sera désigné.

En effet, parmi les devoirs moraux que la loi naturelle impose à l'homme, à l'égard d'autrui, les uns l'atteignent comme découlant de sa nature même : tels sont les devoirs envers Dieu ; les autres l'obligent comme conséquences naturelles d'un choix de sa volonté : tels sont les devoirs imposés par les vœux, par le mariage et par tous les contrats.

Or, les devoirs politiques et sociaux à l'égard de tel souverain déterminé ne découlent pas de la nature même de ce souverain, puisque personne ne naît naturellement roi ou sujet. Donc les devoirs à l'égard de ce souverain, bien qu'ils soient des devoirs naturels puisque l'homme est obligé de vivre socialement sous une autorité, ne sont cependant tels à l'égard de ce souverain *précisément* que parce qu'ils sont la conséquence naturelle de la libre élection.

Donc c'est l'élection qui désigne *précisément* le dépositaire de l'autorité sociale.

Il semble à première vue que notre sentiment ne diffère de celui de Rousseau que par une subtilité, mais on peut cependant en voir toute la différence en deux formules : selon Rousseau le peuple se donne un chef; selon nous, il ne fait que se le choisir.

Or, il ressort évidemment de ces deux formules que la nôtre relève singulièrement l'autorité tandis que celle de Rousseau ne tend qu'à avilir les dépositaires du pouvoir.

Nous pouvons par une comparaison (et vous le savez toute comparaison cloche) faire saisir comment d'une part l'autorité sociale vient de la nature, tandis que son dépositaire est désigné par la libre élection.

Dans la famille, le mari a incontestablement, nous l'avons établi l'an passé, un pouvoir directif sur sa femme et ce pouvoir il le tient de la nature; mais c'est la femme qui choisit librement, qui détermine quel est celui qui doit être son chef, son tuteur et son défenseur.

L'élection du chef peut se faire directement ou indirectement.

Directement lorsqu'elle a en vue le choix de la personne; comme lorsque on procède par voie de scrutin.

Indirectement, lorsque sans avoir en vue le choix de la personne, elle a pour objet une chose qui emporte avec soi la désignation d'un chef: ainsi lorsque les émigrants vont s'établir en Amérique, par le fait de cet établissement ils déclarent se soumettre au gouvernement qui régit le territoire où ils se trouvent.

L'élection du chef peut se faire par des suffrages exprimés ou par un consentement tacite.

S'il s'agit d'expliquer comment le chef est choisi, lorsque plusieurs individus ou plusieurs familles se forment en société, il n'y a aucune difficulté. Les individus ou les familles ont dans leur collectivité le droit de désigner la personne qui aura l'autorité souveraine, et cette élection se fait d'une manière expresse ou tacite. S'il s'agit de la société qui se forme entre les familles descendant d'une couche commune, cette société est patriachale, tant que les familles demeurent ensemble. Le jour où elles se séparent, mais continuent d'habiter dans le territoire du chef de l'une d'elle, il y a alors société civile et élection indirecte et tacite du chef qui la gouverne.

C'est ainsi qu'aux premiers âges du monde, s'est effectué le passage de la société patriarchale à la société civile. C'est ainsi que progressivement se sont formés les hameaux, les cités et les nations. C'est ainsi que l'autorité civile s'est distinguée peu à peu du pouvoir paternel.

Dans notre précédente conférence nous avons reproché à Rousseau et à Hobbes d'avoir conçu leurs systèmes contrairement aux témoignages historiques ; or, il n'en est pas de même de notre doctrine. Nos principes développés dans une longue démonstration nous amènent à établir par voie de raisonnement un fait que toutes les histoires confirment. A l'origine de toutes les sociétés, nous trouvons la famille, la vie patriarchale, la peuplade.

Nous n'avons donc plus qu'à vous laisser juge des débats et à vous demander dans votre décision d'écouter plutôt la voix de la raison, que celle de l'humeur ou des préjugés du siècle.

En résumé.

L'homme naît libre, mais avec des devoirs moraux que lui impose la nature.

Parmi ses devoirs se trouvent ceux de la conservation et du progrès ; il ne peut les remplir que dans l'état social et sous l'autorité d'un chef.

Mais la société a le droit de choisir ce chef, et par le fait de l'élection celui-ci devient le chef naturel de la société.

Il est le représentant de l'auteur de la nature, il est le représentant de Dieu. Ce qui revient à dire : « *Omnis potestas a Deo.* »

14ᵉ LEÇON

DES POUVOIRS LÉGISLATIF ET EXÉCUTIF.

Nous n'aurions pas donné une notion complète de la société civile si, avant d'aborder les autres problèmes du droit social, nous n'avions dit ce qu'il faut entendre par la *patrie* et par *l'état politique*.

Les politiciens modernes confondent ces deux choses et après les avoir confondues sont incapables de donner une définition bien précise de l'une et de l'autre.

Selon eux l'*État* est une sorte d'abstraction, un être de raison dont ils parlent souvent sans savoir ce qu'ils disent ; mais lorsqu'on les presse et qu'on leur demande de concrétiser leurs théories, on voit que par l'État ils n'entendent désigner que *l'opinion d'un parti qui a prévalu, qui s'est saisi du pouvoir per fas et nefas,*

qui impose sa volonté par la force et qui subor-
donne le bien général à ses propres intérêts.

En un mot pour les politiciens, l'Etat, ce n'est
pas un pouvoir qui gouverne dans l'intérêt général, mais c'est un pouvoir qui gouverne dans
l'intérêt d'un parti ou pour employer un vieux
mot, dans l'intérêt d'une faction.

C'est à cette théorie qu'en sont arrivés les
disciples de Rousseau en dépit de la logique
et de la liberté.

Quant à nous, distinguons d'abord la patrie
et l'Etat.

La patrie c'est le lieu où nous sommes nés,
où nous avons grandi et où nous avons reçu
les premières impressions de la vie. Ces impressions ont créé en nous certaines habitudes,
développé certains sentiments, en telle sorte
que nous éprouvons une sorte de malaise ins-
tinctif, lorsque nous quittons le pays, et cela,
malgré tous les avantages que nous pouvons
trouver dans des milieux étrangers Ce sont la
langue, les mœurs, les usages, le climat, les
souvenirs, les affections, les idées qui dévelop-
pent en nous le sentiment patriotique.

Aussi peut-on dire que la maison de famille est la première patrie, et ce mot lui-même dans son étymologie réveille en nous l'idée du *père* qui gouverne la famille.

Ce n'est donc que par extension de ce premier instinct que nous embrassons dans notre amour patriotique tout le territoire national et tous les habitants qui comme nous y ont reçu le jour.

Un de nos amis, quelque peu sceptique, a dit de la *patrie* que c'était la *cuisine :* cela est en partie vrai, car c'est à la cuisine de la maison paternelle que nous avons trouvé de quoi manger, vivre et grandir, lorsqu'enfant nous étions incapables de gagner notre vie.

Donc si le sentiment patriotique n'est pas développé en nous par d'autres mobiles, il doit pour le moins s'imposer comme un devoir de reconnaissance à l'égard de notre famille et, pour aller plus loin, à l'égard de l'Etat.

Qu'est-ce donc que l'Etat ?

Nous avons dit que le pouvoir donne à la multitude des individus la forme sociale en unissant les divers éléments de la société et

9.

leur donnant une commune direction. Mais ce pouvoir social doit résider dans certains individus déterminés et comme tel il est appelé l'Etat.

L'Etat ce n'est donc pas un être abstrait, ce n'est pas un parti victorieux, mais c'est la puissance sociale résidant chez des individus déterminés pour le bien commun de la société, pour en conserver et défendre l'unité.

L'Etat, c'est aussi la société en tant qu'elle doit être conservée et gouvernée par le pouvoir social.

En telle sorte que l'Etat est constitué par deux éléments essentiels qui ne peuvent être supprimés sans que l'état social lui-même disparaisse : d'une part des individus qui gouvernent; d'autre part des individus qui sont gouvernés. Supprimez l'un de ces deux éléments vous aurez ou l'anarchie ou le despotisme.

Ceci posé et sachant d'ailleurs que les gouvernants donnent sa commune direction à la société par des lois, nous avons à examiner si ce pouvoir législatif de l'Etat n'a aucune limite, s'il est tout à fait indépendant et omnipotent.

La question peut se poser ainsi :

L'Etat est-il l'origine et la source de tous les droits et par conséquent de tous les devoirs ?

La question peut être examinée à un double point de vue : à celui de la morale et à celui du droit social.

Au premier point de vue il est prouvé que les actes humains sont intrinsèquement bons ou mauvais et qu'ils ne tirent pas de loi civile leur moralité. Ce n'est pas parce que la loi civile poursuit l'assassin que l'assassinat est un crime. Donc, quoiqu'en dise Hobbes, au point de vue moral, le pouvoir législatif de l'Etat est nécessairement limité par le droit naturel.

Mais nous avons plutôt à envisager la question au point de vue du droit social, de l'économie sociale, c'est-à-dire du gouvernement extérieur de la multitude. C'est en effet à ce point de vue que nos adversaires exagèrent le pouvoir législatif de l'Etat.

La multitude sociale n'est pas pour l'Etat une propriété qu'il puisse à son gré aliéner ou détruire; les biens et la vie des citoyens ne sont pas sous le domaine de l'Etat ; la société

n'est pas un troupeau de moutons ou un tas de
pierres.

Mais au contraire toute la puissance de l'Etat
a essentiellement en vue le bien de la société,
le bien général. C'est uniquement pour atteindre
ce bien général plus efficacement et plus facilement que la nature engage les hommes dans
l'état social. Nous l'avons démontré ailleurs.

Donc l'Etat est tenu par un devoir, qui
découle de sa nature même, de gouverner en
telle sorte la société qu'il ne lèse en rien les
droits naturels des citoyens, mais qu'au contraire il les conserve et les protège autant que
possible et que par ailleurs il provoque et exige
l'accomplissement des devoirs corrélatifs à ces
droits.

Il suit de tout ceci que l'Etat se trouve lui-
même naturellement obligé à l'égard des
citoyens et que par conséquent il y a un droit
antérieur à celui de l'Etat. Donc l'Etat n'est pas
l'origine et la source de tous les droits; il n'est
pas absolument indépendant et omnipotent; son
pouvoir législatif est limité. C'est ce qu'il fallait
démontrer.

Ici se pose très logiquement cette question :
Quels sont les principes qui doivent présider
à la législation politique ?

Pour répondre complètement à cette question
il me faudrait parcourir en détail tous les
points de la morale, ce qui serait sortir de
mon sujet. Je suis donc obligé de me restrein-
dre à une théorie générale.

Mais je ne puis même l'exposer sans rencon-
trer un double écueil.

Comment en effet tracer un programme
politique sans l'opposer à celui de certaines
personnalités contemporaines ?

Comment rester toujours dans le domaine
des principes généraux et ne pas aborder les
conséquences que j'en déduis pour l'époque
actuelle, c'est-à-dire comment ne pas vous
dire quelque chose de *mon programme politique ?*

Cette réserve faite, je vais répondre à la
question.

La première condition à exiger du législateur c'est qu'il connaisse son métier. Il doit
savoir quelle est l'origine et quel est le but de

la société humaine, sinon il ne peut lui donner qu'une fausse direction.

La science du droit social est donc le premier devoir du législateur. Dans le régime monarchique l'éducation des princes comprend, cela va sans dire, l'étude de cette science; mais dans le régime démocratique il faudrait, pour se soustraire à l'incapacité des parvenus politiques, exiger de la part des candidats électoraux des preuves authentiques de leur savoir en sociologie.

Or que de législateurs à notre époque pourraient être pris en défaut sur ce point!

Lorsque l'Etat exige de tous ses fonctionnaires des preuves de capacité, n'est-il pas absurde que celui qui est, par exemple, reconnu incapable d'appliquer judiciairement la loi, ait néanmoins constitutionnellement le droit de la faire.

Je voudrais donc dans un état démocratique, une école et un stage pour les futurs législateurs. Je voudrais que la Chambre législative fût fermée par la constitution aux ignorants, aux fanatiques et à tous les déséquilibrés. Je voudrais que la loi soit l'œuvre des hommes compétents dans la matière qu'elle vise et non pas un moyen de réclame pour les leaders des partis.

Les hommes se proposent dans l'état social de procurer le bien général par la communauté d'action, c'est-à-dire par la communauté de vie.

Le législateur doit donc dans ses institutions *établir*, *assurer* et *perfectionner* cette communauté de vie.

En partant de ce principe nous concevons que le premier effort du législateur doit avoir pour but de pacifier entre eûx les individus qui composent la société. La paix sociale, l'ordre est donc le premier but de la législation. Plus une société est unie, plus les principes de division sont éliminés d'elle, plus elle est vivante et solidement constituée.

Mais la législation n'atteindra ce but qu'autant qu'elle travaillera à rendre tous les citoyens vertueux, en ne transigeant jamais avec les passions et les mauvais instincts de la multitude. Il faut donc que les lois soient honnêtes, c'est-à-dire en conformité avec la loi morale et non avec les « *desiderata* » du peuple.

Ce n'est qu'une législation honnête qui peut établir et conserver l'unité sociale, en donnant au pouvoir l'appui de tous les gens de bien sans distinction de partis.

Le législateur doit ensuite établir dans la société un système économique qui mette à la disposition de chaque citoyen et dans une mesure suffisante tout ce qui lui est nécessaire pour vivre.

En effet, chacun pouvant avoir de quoi vivre honnêtement, apportera volontiers dans l'action sociale son action personnelle et du bien individuel résultera le bien général.

Mais, pour établir avec sagesse ce système économique, il est nécessaire que le législateur connaisse exactement la situation des individus, des familles, des villes, des provinces ; il faut qu'il les laisse lui manifester leurs intérêts ; il faut qu'il ne favorise pas, par exemple, une ville ou une province au détriment d'une autre ville ou d'une autre province.

La centralisation au point de vue économique a cet immense désavantage de faire que tel

tarif douanier favorable à telle région du territoire de l'Etat est défavorable à telle autre
région. Aussi peut-on dire en principe que le
protectionisme comme le libre échange ont l'un
et l'autre de graves inconvénients, s'ils sont en
vigueur d'une manière uniforme sur toutes les
frontières d'un vaste état. La décentralisation
au point de vue économique nous paraît la
solution d'une foule de questions qui passion-
nent aujourd'hui les sociologues.

On n'entendra plus l'ouvrier se plaindre du
moins avec justice, on ne verra plus le capital
timide et effrayé, on ne constatera plus la misère dans les campagnes, lorsque par un protectionisme local chaque région aura intérêt à
produire tout ce qu'elle peut produire et que par
un libre échange également local elle ne deman-
dera à l'étranger ou aux autres provinces que
ce qu'elle est elle-même incapable de produire.

Il pourra peut-être y avoir encore des crises
économiques passagères, mais ce ne sera plus
un mal chronique dont la dernière période ne
peut aboutir qu'à la banqueroute et à la misère
générale.

Une seconde condition pour un bon système économique est que chaque citoyen puisse consacrer librement son activité à l'emploi ou au métier pour lequel il se sent un goût particulier et une capacité spéciale. Le pouvoir doit donc à cet effet donner une sage liberté et favoriser les initiatives.

Rien n'est plus tyrannique et funeste au progrès social que de baser toute l'activité des membres de la société sur la seule volonté du chef.

Le législateur qui a donné à la société une direction intelligente, honnête et économique, doit ensuite s'occuper d'assurer l'avenir de ses institutions.

Saint Thomas dans son livre I *Du gouvernement des États*, chapitre XV, dit: « Il y a trois obstacles à la perpétuité du bien public; le premier vient de la nature. En effet, le bien de la multitude ne doit pas être procuré par la loi pour un temps limité, mais en quelque sorte pour toujours. Or, les hommes sont mortels, ils ne peuvent durer à perpétuité. D'ailleurs, dans le cours de leur vie, ils ne sont pas toujours de la même vigueur, parce que la vie humaine est soumise à bien des variations, et partant ils ne sont pas toujours également aptes à remplir certains emplois. »

« Le second obstacle à la perpétuité du bien public vient de l'intérieur, c'est-à-dire de la perversité des volontés : ainsi les citoyens refusent parfois de faire ce que l'Etat exige d'eux ou bien ils altèrent la paix, l'ordre public en violant le droit de leurs concitoyens et en troublant par le fait leur tranquillité. »

« Le troisième obstacle à la perpétuité du bien public vient de l'extérieur, quand la paix publique est altérée par l'envahissement des ennemis et que même parfois l'Etat ou la cité sont détruits. »

En conséquence le législateur, après avoir établi un régime honnête et économique, doit s'assurer des successeurs qui continuent son œuvre avec une honnêteté et une sagesse égales. Donc rien n'est plus périlleux, on le voit, pour la stabilité des Etats, que de soumettre la succession dans l'autorité aux intrigues des partis et aux caprices des populations.

Je crois donc que dans un gouvernement de

forme démocratique il faudrait que nul ne
pût être élu législateur et partant se poser
comme candidat sans l'agrément du législateur qui est en activité. C'est le principe de la
candidature officielle qui n'exclut pas la liberté
du vote, car l'électeur peut toujours donner un
suffrage négatif à ce candidat.

Quant à ceux qui troublent la paix publique
dans l'intérieur de l'Etat, le législateur doit
établir pour eux des peines plus ou moins
sévères, et d'autre part il doit récompenser les
bons citoyens.

Le législateur devra enfin assurer la tranquillité de l'Etat, en organisant sagement la
défense nationale contre les ennemis du dehors.

Après avoir ainsi assuré pour l'avenir le bien
public le législateur travaillera à le faire progresser, soit en corrigeant les défauts de sa législation, soit en la complétant ou en la perfec-
tionnant.

Mais il doit en ce travail s'inspirer des conseils des hommes sages, honnêtes et compétents, et recourir aux lumières des chefs des

villes et des provinces: ils peuvent mieux l'instruire des intérêts des populations qui leur sont immédiatement soumises.

Néanmoins pour que la législation soit efficace, il ne faut pas la changer sans une vraie nécessité. Il ne faut pas multiplier les réglementations. Les codes trop compliqués ouvrent par des textes opposés une porte à l'arbitraire.

La loi doit aussi dans ses formules être claire et sans équivoque.

En terminant nous ne dirons qu'un mot du pouvoir exécutif sans lequel le pouvoir législatif serait illusoire et qui, par conséquent, quoiqu'en disent certains libéraux, n'est qu'une dérivation de celui-ci.

Les ministres du pouvoir exécutif doivent être choisis en nombre convenable d'après les besoins et les ressources de la société; ils doivent être honnêtes et capables.

Les ministres exécuteront *fidèlement* la loi selon l'intention du législateur, n'en dispensant, dans des cas particuliers, que pour le bien commun et à la condition de ne pas léser par cette dispense les droits des tiers.

Enfin les ministres devront avoir de l'énergie dans l'exécution de leur mandat, mais cette
énergie sera tempérée par cet esprit de clé-
mence et ces sentiments d'humanité qui gagnent
les cœurs, qui font aimer le pouvoir et qui concourent ainsi à l'unité et à la paix sociales.

15ᵉ LEÇON

DU POUVOIR JUDICIAIRE.

Le pouvoir judiciaire est le pouvoir d'appliquer la loi dans les cas particuliers et déterminés et par conséquent de l'interpréter.

Montesquieu a soutenu que le pouvoir judiciaire n'avait pas un même principe que le pouvoir législatif. Mais ce sentiment est erroné. Si en effet le magistrat n'interprétait pas la loi au nom du législateur, il pourrait l'interpréter contrairement à l'intention de celui-ci et par conséquent le pouvoir législatif serait illusoire. Donc le pouvoir judiciaire est essentiellement inséparable du pouvoir législatif.

L'erreur de Montesquieu vient d'une confusion. Il confond le pouvoir judiciaire lui-même avec l'exercice de ce pouvoir.

Il convient, il faut le reconnaître, que le législateur, afin de ne pas être distrait de son action générale, confie à des magistrats spéciaux le soin de juger les cas particuliers. Il y a même là pour le peuple une garantie de liberté et d'impartiatité, d'autant plus grande que la conscience du magistrat est d'autant moins sous la pression du pouvoir législatif.

On distingue le pouvoir judiciaire en pouvoir civil qui définit selon la loi les droits des citoyens entre eux et en pouvoir criminel qui inflige des peines légales aux perturbateurs de l'ordre social.

La peine doit être : 1° opposée à la volonté; en effet, c'est par une action volontaire que le coupable a troublé l'ordre social; la peine doit donc contrarier cette volonté rebelle; 2° la peine doit être afflictive et 3° elle doit viser surtout la culpabilité de celui qu'elle atteint.

C'est pour satisfaire à cette troisième condition que le juge admet les circonstances atténuantes et que même parfois il peut acquitter, lorsqu'il y a eu faute, mais qu'il n'y a pas eu responsabilité entière.

La peine doit être réparatrice. Celui qui trouble l'ordre social usurpe illégitimement un bien quelconque réel ou apparent. Donc il est nécessaire pour rétablir l'ordre social, de soustraire à ce coupable un bien quelconque qui lui appartient. Il y a pour lors compensation, il y a justice.

En supposant même que le coupable s'abstienne pour l'avenir de toute action mauvaise, qu'il se corrige, la loi qui se bornerait à corriger, à améliorer le condamné sans l'affliger d'une manière quelconque, ne serait pas juste ; car l'amélioration, la correction est un bien et dans l'hypothèse loin de soustraire quelque chose au coupable, on lui donnerait au contraire un bien encore plus précieux que celui qu'il aurait illégitimement usurpé. Ce serait une injustice. Il est donc nécessaire pour que la peine soit réparatrice de l'ordre social qu'elle soit afflictive.

Néanmoins la peine doit avoir un caractère moralisateur. Elle doit être médicinale, c'est-à-dire qu'elle doit, par la crainte qu'elle inspire, détourner de mal faire à l'avenir.

La peine doit être aussi exemplaire, afin que le méchant soit détourné du mal, sinon par amour du bien, au moins par la crainte du châtiment.

Il est évident que la valeur médicinale et exemplaire de la peine dépend en grande partie de l'opinion publique et par conséquent il faut, soit dans son institution légale, soit dans son application, avoir égard à l'état de la civilisation et à la condition des personnes que la peine atteint.

En général les peines les moins brutales sont celles qu'il faut surtout préférer et, à mesure que les mœurs s'adoucissent, la législation pénale doit aussi s'adoucir.

C'est ainsi qu'on peut concevoir un peuple assez policé pour que la peine de mort n'y soit plus en usage.

On peut ainsi résoudre, au point de vue du fait, la question de la peine capitale ; mais il nous faut aussi la résoudre, au point de vue du droit.

L'Etat a-t-il le droit, en vertu de son pouvoir judiciaire, de mettre à mort certains criminels ?

Beccaria, suivant sur l'origine du pouvoir les doctrines révolutionnaires, refuse à l'autorité sociale le droit de punir de mort ; dans son livre des délits et des peines il dit : (chap. XVI.) « La souveraineté et les lois ne sont que la somme des petites portions de liberté que chacun a cédées à la société. Elles représentent la volonté générale, résultat de l'union des volontés particulières. Mais qui jamais a voulu donner à d'autres hommes le droit de lui ôter la vie ? Et doit-on supposer que, dans le sacrifice que chacun a fait d'une petite partie de sa liberté, il ait pu risquer son existence, le plus précieux de tous les biens ? »

« Si cela était, comment accorder ce principe avec la maxime qui défend le suicide ? Ou l'homme a le droit de se tuer lui-même, ou il ne peut céder ce droit à un autre, ni à la société entière. »

« *La peine de mort n'est donc appuyée sur aucun droit. C'est une guerre déclarée à un citoyen par la nation qui juge la destruction de ce citoyen nécessaire ou utile.* »

Il eût été à souhaiter que les révolutionnaires

de la convention plus conséquents avec leurs
principes eussent appliqué cette doctrine dans
la pratique.

Mais laissons de côté ces tristes souvenirs et
bornons-nous à examiner la valeur de l'opinion
de Beccaria. Oui, dirons-nous avec lui, la volonté générale ne donne pas à l'autorité sociale
le droit d'ôter la vie à un citoyen. Mais nous
conclurons encore que c'est d'ailleurs que doit
venir ce droit ; il vient donc de la nature, de
l'auteur de la nature qui impose à l'homme l'état
social. Il est constant, en effet, que sans la peine
de mort il serait le plus souvent impossible
à l'État de conserver ce bien commun, qui
consiste dans la paix et la tranquillité des
citoyens.

La société constitue un corps moral dont
chaque citoyen est un membre. Or, de même
que l'individu pour sa conservation se fait
amputer le membre infecté, afin que le mal ne
se répande pas dans tout le corps, ainsi, conclut,
saint Thomas (II II* qu. LXIV, art. II): « Si
un homme est dangereux pour la société et tend
à la corrompre par le fait de certaine faute, il

est louable et utile de le mettre à mort pour conserver le bien commun. »

La peine de mort ainsi envisagée est véritablement médicinale et pour le corps social qu'elle sauve et pour le condamné lui-même qui, au lieu de finir sa vie dans le vice et l'obstination, peut, en acceptant ce châtiment suprême, satisfaire, à la fois à la justice des hommes et à celle de Dieu.

Saint Thomas, dans le même article ad 3ᵘᵐ, fait encore bien ressortir le caractère réparateur de la peine capitale et achève de renverser la doctrine de Beccaria, qui refuse de trouver une proportion entre le crime et la peine capitale.

« L'homme, dit saint Thomas, par son crime s'est écarté de l'ordre rationnel établi par la loi ; il est donc déchu de sa dignité humaine, dignité en raison de laquelle il est *naturellement* libre et *existant pour lui-même;* il est tombé au rang des brutes, en telle sorte que l'État peut disposer de lui selon qu'il est utile aux autres. »

Remarquez qu'ici saint Thomas rattache sa

10.

doctrine à celle qu'il a exposée dans l'article premier de la même question. Il y établit en effet que, dans l'universalité des êtres, les moins parfaits sont à l'usage de ceux qui sont plus parfaits et que par conséquent l'homme peut tuer les animaux pour son usage ou pour sa tranquillité.

Donc, conclut le saint docteur dans l'article second : « Bien qu'il soit mal de tuer un homme tant qu'il demeure dans sa dignité, il est bien cependant de mettre à mort un coupable, comme de tuer une bête sauvage. Car l'homme méchant est pire que la bête et encore plus nuisible qu'elle. »

Mais dans l'article III saint Thomas établit que ce droit de mettre à mort ne peut appartenir qu'à l'autorité publique, parce qu'il n'appartient pas aux personnes privées de décider de ce qui concerne le bien général de la société.

La peine capitale est médicinale et réparatrice; est-elle aussi véritablement exemplaire ?

Si l'on s'en rapporte aux données de la statistique il paraîtrait tout d'abord que non. En effet, elle constate que sur cent criminels quatre vingt ont assisté à des exécutions capitales.

Néanmoins cette statistique est nécessairement incomplète ; car elle ne nous donne pas le nombre de ceux qui sont détournés de mal faire par la crainte de la peine capitale. Or, comme on connaît l'attachement naturel de l'homme pour la vie, il y a tout lieu de croire que ce nombre est considérable.

D'ailleurs dans les pays où on a voulu abolir ce châtiment suprême on a vu le nombre des crimes s'augmenter.

Donc on doit de ce fait d'expérience, ainsi que de la simple étude psychologique de l'homme, conclure que la peine capitale est exemplaire, que c'est même le plus exemplaire des châtiments.

Ne pourrait-on pas remplacer la peine capitale par une autre peine moins cruelle : par la déportation ou par les travaux forcés à perpétuité ? La société doit se contenter d'écarter le membre qui trouble la paix publique. Or, ces moyens paraissent suffire.

S'il s'agit de la déportation dans un pays insa-
lubre où le condamné doit trouver très proba-
blement la mort, l'on peut dire qu'il y a là un
équivalent de la peine capitale et par conséquent la société à laquelle on reconnait ce droit
de déportation dans un climat mortel a par le
fait le droit de punir par la mort.

Mais d'ailleurs la peine de mort malgré l'hor-
reur qui l'accompagne est-elle réellement
cruelle? La cruauté dit saint Thomas (II° II°,
article I. ad 3um) est un vice par excès dans le
mode de punir. Or, nous avons fait voir que la
peine capitale n'est pas excessive et par conséquent on ne peut l'appeler cruelle dans le sens
propre de ce mot.

Tant que l'homme méchant est en vie, il est
un danger pour la société, il peut toujours s'é-
vader et l'expérience démontre qu'il retombe
après son évasion dans de nouveaux crimes. Il
est d'ailleurs des condamnés tellement abrutis
qu'ils ne redoutent aucun châtiment si ce n'est
la mort. L'espoir de vivre dans le lieu de la
déportation, surtout si ce lieu n'est pas insalu-
bre, de s'y établir et même de s'y enrichir leur

fait considérer cette peine comme une véritable fortune.

On dit encore que si la peine capitale est établie par la loi, elle risque d'atteindre un innocent. Si ensuite on découvre l'erreur judiciaire, le dommage est irréparable.

Mais, répondrons-nous, cet inconvénient existe aussi pour toutes les autres pénalités. Il y a infamie, il y a des dommages matériels pour le condamné et pour sa famille; et lorsque l'innocence se découvre, il est la plupart du temps impossible de réparer ces dommages dans leur totalité: par exemple, si le condamné est mort au bagne.

Donc on peut seulement conclure que l'administration de la justice doit être confiée à des hommes sages et éclairés pour éviter le plus possible toute erreur judiciaire. Si cette erreur se produit par le fait de circonstances involontaires, la chose est assurément regrettable, mais l'on ne peut de ce chef nier l'existence du droit de punir et même de punir par la mort.

Dans une guerre il arrive toujours qu'un certain nombre d'individus inoffensifs, des femmes, des enfants, des vieillards, sont victimes des armes dirigées contre l'armée ennemie. Or, direz-vous qu'à raison de cet inconvénient purement accidentel et involontaire une nation n'a pas le droit de se défendre les armes à la main ? Non certes.

De même la société en mettant à mort les criminels se défend contre des ennemis ; elle use de son droit ; si maintenant quelques individus innocents se trouvent atteints involontairement dans cet exercice de défense sociale, vous pouvez critiquer le mode d'administration de la justice, en perfectionner la législation, mais vous ne pouvez pas nier « le droit lui-même de punir par la mort ».

Il est absolument certain que la jurisprudence moderne laisse à désirer en matière criminelle. Nous aurons à voir plus tard les inconvénients du système du jury civil (1). Mais dès maintenant nous pouvons signaler dans

---

1. Système si fortement critiqué dans le drame de la fille Elisa.

la manière d'instruire une cause un vice radical: ce vice, c'est l'infamie qui est attachée à la prévention.

Un principe de droit est totalement méconnu dans notre mode d'instruction; le voici : « *Nemo præsumitur malus, nisi probetur.* » En vertu de ce principe tout individu accusé devant le juge doit d'abord être considéré comme innocent et honnête et partant traité comme tel durant tout le cours du procès, en sorte que ce n'est que par les débats que le juge acquiert la conviction de la culpabilité.

Or, en pratique dans notre procédure, c'est le contraire qui a lieu, le prévenu ou l'accusé est dès le début considéré comme malfaiteur, et les débats ne tendent qu'à faire revenir le juge sur la présomption de culpabilité.

Ce préjugé dans la procédure autorise de la part de l'instruction une véritable torture morale, soit à l'égard de l'accusé, soit à l'égard même des témoins; tend à exagérer les torts et obtient, surtout des personnes faciles à intimider (femmes, enfants) des renseignements absolument faux.

LA JUSTICE (1).

L'habitude seule permet de tolérer en France la tyrannie de la justice criminelle; nous y retrouvons l'absolutisme de l'État-César transformé en juge; c'est le mépris le plus absolu de l'individu au nom des droits de l'ogre État.

Chez nous, la police pénètre à toute heure; un simple envoyé de la préfecture, exhibant une carte, jette la terreur par ses invéstigations; on trouve cela si naturel, qu'il peut avec confiance outrepasser tous ses pouvoirs.

***

Le juge d'instruction, en tous cas, au nom de l'instruction, a le droit légal d'exercer toutes les tyrannies, de tendre tous les pièges, de faire des faux par lettres, par télégraphe, par téléphone; il peut multiplier les arrestations, étendre les perquisitions, tout emporter, et même

1. Extrait du journal « *la Croix* » n° du 17 décembre 1891.

soumettre, selon son caprice, des séries de personnes à des examens odieux (1). Il peut allonger la prison préventive, punir le silence ou un refus par des mois d'attente ; il peut soumettre l'innocent à un secret rigoureux, indéfini. On a vu, pour la prévention, le secret atteindre près d'un an, la prévention elle-même s'étendre à deux ans.

.

La pression toute puissante, la force de l'injure et la terreur qu'elle inspire est telle en notre pays de césarisme, qu'on a pu constater *officiellement* plusieurs fois, que des accusés afin d'échapper à cette torture avaient préféré avouer

1. Ce matin, on rapporte qu'une malheureuse ayant eu la tête brisée par un coup de barre, le juge a exigé du médecin légiste qu'il coupât la tête de l'assassinée pour le greffe, et que la fille de la victime arrivée pour enterrer sa mère ayant voulu la voir encore faillit devenir folle, lorsqu'on ouvrit la bière, de voir sa mère décapitée.

des crimes dont les véritables auteurs ont été
révélés plus tard. Ces faits officiels réitérés démontrent que cela arrive bien souvent sans que
des circonstances extraordinaires rétablissent
la vérité.

Pour les enfants, ces procédés amènent des
aveux absolument extraordinaires et qu'on leur
dicte.

Une fois on disait à un enfant qui s'était con-
fessé que son confesseur avait révélé ceci et
cela et l'enfant répondait avec énergie : Je ne
lui ai jamais dit cela. On affirmait à nouveau
et on le menaçait.

*
* *

Le juge continue, à l'audience, le jeu cruel
de l'instruction et traite ordinairement le simple inculpé comme le dernier des scélérats. Cet
accusé, on se croit le devoir de le troubler, de
l'injurier, de le plaisanter sur ses antécédents,
sur sa famille même, si elle a quelque chose
d'irrégulier, on multiplie les questions à titre

de pièges pour l'obliger à se couper, et cela paraît tout simple, tout naturel au public.

Nous sommes tellement saturés de l'omnipotence de l'Etat, que la notion même du juge *protecteur-né* de l'accusé nous échappe, et ce juge semble ignorer qu'il doit être plus préoccupé de la crainte d'atteindre un innocent que de la crainte de laisser échapper un coupable.

C'est une justice révolutionnaire dont le peuple moins capable d'échapper aux pièges souffre plus que le bourgeois.

*
* *

A cela nous opposons ici ce qui se passe en un pays voisin.

En Angleterre, où les traditions catholiques, tracées par Edouard le catholique, se sont conservées au milieu du protestantisme, il en est tout autrement. Un de nos amis que ses fonctions mêmes obligent à assister, à Londres, aux choses de la justice, nous a promis quelques notes à ce sujet, voici la première :

DE L'ADMINISTRATION DE LA JUSTICE EN ANGLETERRE

La justice s'administre d'après les principes suivants :

Tout homme est innocent jusqu'à ce qu'il soit prouvé qu'il est coupable.

Tout homme convaincu est jugé capable de se réformer ; il doit donc être mis en possession de tous les moyens de se réformer.

Tout homme condamné à la peine capitale doit être averti que, si le crime contre la société est frappé, il doit employer le temps qui lui reste à obtenir de Dieu, par le repentir, le pardon du péché.

Pour bien saisir comment ces principes sont appliqués, il sera nécessaire d'étudier les tribunaux, le système des prisons et le traitement des condamnés à mort jusqu'après l'exécution.

***

Un homme contre qui s'élèvent des soupçons

n'est pas, pour cela, l'objet de préventions injustes : il est traité avec le respect dû à la liberté individuelle, à l'exception des cas de flagrant délit, un officier de justice, quel que soit son rang, ne peut procéder à l'arrestation que sur l'ordre écrit signé d'un magistrat. Cet ordre, appelé *warrant*, ne se donne que sur un témoignage qui, *primâ facie*, justifie une telle démarche.

La police ne peut jamais passer la porte d'une maison sans un *warrant*, à moins d'y être appelée de l'intérieur.

*
* *

Dès qu'un homme est arrêté, pour n'importe quelle raison, celui qui l'arrête est obligé par la loi à le *cautionner* selon le terme en usage ; il doit lui dire : « Je vous avertis que vous n'êtes pas tenu à parler ; et si vous le faites, je prendrai vos paroles par écrit et elles pourront êtres tournées contre vous. »

Comme il n'y a pas prévention, il n'y a pas

de prison préventive, excepté dans des cas
sérieux où les preuves sont *primâ facie*, très
fortes. Mais, dans tous les cas, sans exception,
tout homme arrêté doit, dans les 24 heures,
paraître devant un magistrat qui décide s'il
faut le mettre en liberté ou le garder en prison.
Si les soupçons sont justifiés, le magistrat peut
prononcer la mise en liberté, à la condition que
l'accusé et deux personnes respectables et connues déposent une somme d'argent, qui varie
selon l'importance du cas. L'instruction est tou·
jours publique.

Que l'inculpé soit mis en liberté ou gardé en
prison, la loi exige qu'il paraisse devant le
magistrat au moins chaque semaine, jusqu'à
ce qu'il soit décidé s'il sera renvoyé devant un
tribunal supérieur ou mis définitivement en
liberté. Devant le magistrat comme devant le
juge de n'importe quel tribunal, l'accusé n'est
jamais interrogé, dès que son identité a été une
fois établie par deux ou trois questions à ce
sujet.

*
* *

Dans tout procès criminel devant un jury, *l'unanimité* des jurés est absolument requise. Si un seul est contraire et persiste, le juge renvoie les jurés; et un nouveau procès doit recommencer devant un nouveau jury.

Avant tout procès on demande à l'accusé: plaidez-vous *coupable* ou *non coupable?* — Si la réponse est: *coupable*, le juge passe immédiatement à la sentence même de mort. Si l'accusé dit: *non coupable*, le procès suit alors le cours ordinaire. Il n'est pas rare, dans le cas où un homme à la barre d'un tribunal se déclare coupable, d'entendre le juge lui dire: « Je vous conseille de plaider *non coupable*. Si vous persistez, mon devoir est de vous condamner; mais si le procès se fait en forme vous pouvez avoir des chances d'échapper au moins à l'extrême châtiment de la loi. »

*
* *

Disons ici que depuis le dernier sergent de ville jusqu'au magistrat qui remplace ici le

juge d'instruction ; et, en montant plus haut,
jusqu'au juge le plus élevé, personne n'a le
droit de tendre des pièges et de poser des questions insidieuses. J'ai même entendu, dans des
cas où l'accusé choisissait volontairement de
parler, le juge lui dire honnêtement: « Prenez
garde ! vous vous troublez, vous devenez con-
fus et vous vous inculpez vous-même. »

Quand, il y a quelques années, Catherine Di-
blanc, après avoir tué sa maîtresse, se refu-
gia en France, la police anglaise l'y suivit et
réclama l'assistance de la police française. On
savait où la femme se cachait ; mais les Anglais
attendaient qu'elle sortît. Un commissaire français trouva naturel de mentir et d'envoyer à
Catherine un billet sur lequel étaient ces mots :
« Votre vieux père venu de Belgique pour vous
« voir vous attend à tel endroit. » La meur-
trière sortit et aussitôt fut prise par la police
française ; les Anglais refusèrent de s'en mêler.
Quand la nouvelle de cette arrestation, ainsi
opérée, arriva en Angleterre, il y eut un cri
d'indignation qui détermina le Gouvernement
après le procès et la sentence de mort, à grâcier

la malheureuse ; et même à la faire sortir de
prison après deux ou trois années de déten-
tion.

LES PRISONS

L'étude de la justice criminelle, telle qu'elle
est administrée en Angleterre, démontre que
la loi se préoccupe, dans l'homme, de son
âme immortelle, qui, après être tombée, peut
cependant se relever. Elle punit donc le délit
ou le crime extérieur, avec sévérité ; mais
dès qu'elle a prononcé sa sentence, elle place
le coupable sous l'influence de cette justice
surnaturelle qui console, pardonne et réha-
bilite. La prison anglaise est en effet un lieu
d'expiation, de réflexion et de réforme. L'individu y entre condamné, mais il n'y perd
jamais son caractère d'homme : il y est
traité comme un être déchu qui peut remonter
et qui doit être aidé dans ce travail de réforme.

**
* *

La première question posée à tout prisonnier, dès son entrée, est celle-ci : Quelle est votre religion ? Il y a une chapelle anglicane et une chapelle catholique respectivement desservies par des ministres et par des prêtres. Tous les anglicans ont sur la porte de leur cellule une carte blanche ; les catholiques, une carte rouge. Le prêtre catholique est égal en dignité aux chapelains anglicans ; il est comme eux *officier supérieur ;* il jouit des mêmes privilèges et reçoit de tous les mêmes marques de respect. Quand il entre dans la prison, ce qu'il peut faire en tout temps, il reçoit son trousseau de clés qui ouvrent toutes les portes et dont il se sert à discrétion. Il a un office très bien meublé et fourni de tout ce qui est nécessaire.

***

Le service religieux est à 8 h. 1/2, dans la chapelle, chaque jour de la semaine ; il dure de 25 à 30 minutes, et le prêtre y préside

vêtu du surplis ; il se compose do prières,
d'une instruction et de cantiques chantés par
les prisonniers. Le chapelain dit la messe
quand il le juge à propos : il est maître absolu
de l'ordre des offices religieux. Le dimanche,
la messe est à 7 1/2 ; le sermon suivi de la
bénédiction à 3 heures après-midi. Les prisonniers qui veulent se confesser donnent leurs
noms en sortant de la chapelle, et le prêtre va
les entendre dans leurs cellules.

**
**

Il y a une bibliothèque très bien fournie
pour les catholiques. Les volumes augmen-
tent chaque année ; et les nouveaux ouvrages
sont choisis sur la liste donnée par le prêtre.

Chaque prisonnier a dans sa cellule : le
Nouveau Testament, le Catéchisme, un livre
de messe et un livre de cantiques ; à part ces
livres, il reçoit de la bibliothèque des ouvrages pieux, des histoires ou des relations de
voyages. Les chapelains ont, dans leur office,

une bibliothèque particulière d'où ils tirent
des livres qu'ils prêtent selon leur discrétion à
qui ils veulent.

Les enfants et les prisonniers illettrés ont à
leur service, les premiers par règle, les seconds
par choix, trois maîtres d'école diplômés
exclusivement attachés à la prison.

Chaque prisonnier, autant que possible,
travaille à son propre métier ; souvent il pro-
fite de son séjour pour apprendre un nouveau
moyen de gagner sa vie.

*
* *

Tout prisonnier connaît ses devoirs et ses
droits : la liste, en gros caractères, est sus-
pendue dans sa cellule. On exige qu'il soit
strictement fidèle au règlement, mais on reconnaît ses droits quand il les réclame. Par exemple, il sait la quantité de pain, de légumes et
autres comestibles qu'il doit recevoir. S'il a des
doutes, il peut exiger que sa portion soit pesée

devant lui, et les balances lui sont apportées.

*
* *

La nourriture est saine et suffisante. Dans
l'infirmerie, les docteurs ont tout pouvoir ;
il n'est pas rare, en traversant la cuisine, de
voir des poulets, des soles et d'excellents
puddings préparés pour les malades, selon la
prescription. Je dois dire ici, pour ne pas
l'oublier, que dès qu'un prisonnier est sérieu-
sement malade, le ministre de sa religion est
immédiatement averti ; et tandis que l'on
attend quelquefois pour les ministres protestants, le prêtre catholique est mis au courant
sans retard, de jour comme de nuit : ils savent
et apprécient notre anxiété.

*
* *

La tenue des prisons est simplement mer-
veilleuse. J'ai visité des monastères et des cou-

vents, je ne me souviens pas d'un seul qui l'emporte en propreté et en bonne tenue sur les
prisons de Londres. La couleur des murs et
des cellules n'a rien de sombre, l'aspect en est
gai, au contraire. Le fer est poli et luit comme
l'argent ; le cuivre brille comme l'or. Les dalles
sont lavées chaque samedi ; certains lieux particuliers, par leur netteté, feraient honte aux
lieux correspondants de plusieurs hôtels de
premier ordre, en France. Rien de tout cela
n'est exagéré, je l'affirme : il y a douze ans
que je visite les prisons comme prêtre catholique.

Les prisonniers ont du savon dans leur cellule ; ils prennent un bain de corps chaque
quinze jour

*
* *

Chose intéressante à dire ! C'est le Bienheureux Thomas Morus, le grand martyr de
Henri VIII, qui le premier a tracé dans son

Utopia les grandes lignes du système des prisons tel qu'il est établi en Angleterre. C'est lui qui voulait abolir la torture physique mais plus encore la torture morale ; et cela, à la fin du xv° siècle. Et il faut voir en France, à la fin du xix° siècle, la torture morale maintenue, développée avec des raffinements inouïs et froidement appliquée, depuis le sergent de ville le commissaire ou le gendarme, jusqu'au juge d'instruction et même au président des assises ! Et cette torture se consomme dans les prisons où l'homme n'est plus qu'un paria, un être déchu à qui tout fait sentir sa disgrâce et où, ni la loi ni les juges, ni les directeurs, ni les geôliers ne lui rappellent comme en Angleterre, qu'il peut, par la grâce de Dieu, remonter encore plus haut qu'il n'était avant son malheur ! Car, si la loi humaine flétrit, la justice divine rend, au repentir, la robe blanche de la dignité et remet au doigt l'anneau d'or des princes.

Après une réforme dans la procédure criminelle, je demande une réforme dans l'exécution de la peine de mort afin qu'elle ne soit pas par

ces circonstances un sujet de scandale pour les
populations (1).

1. Je crois en effet qu'il serait très souvent opportun
que les exécutions capitales n'aient pas lieu en public.

16ᵉ LEÇON

Vous connaissez l'apologue des membres et de l'estomac : cette fable résume les devoirs des citoyens à l'égard de l'État.

Si l'État, si le gouvernement a le devoir de veiller à la conservation de l'unité sociale selon les moyens que nous avons indiqués dans les précédentes leçons, c'est aussi un devoir pour tous les citoyens de s'entr'aider, de se soutenir les uns les autres, en un mot de s'aimer, car l'amour est à la base de toute action commune ; cette action doit en outre, être dirigée par l'autorité sociale ; il faut donc que les citoyens obéissent à cette autorité.

Mais de cette nécessité résulte-t-il un devoir de conscience ? l'obéissance aux lois de l'État constitue-t-elle une obligation morale ?

Avant de résoudre ce problème écartons d'abord de notre thèse certaines lois, surtout certaines lois de police, par lesquelles le législateur n'entend pas lier la conscience des citoyens. Ces lois ont pour objet l'ordre purement matériel, il n'y a pas de faute morale à les violer, mais celui qui les enfreint paie, s'il est convaincu d'infraction, une amende plus ou moins forte.

Ces sortes de lois sont appelées lois pénales et ne sont pas ici en question.

Nous voulons seulement parler des lois destinées à conserver l'ordre social, soit qu'elles aient pour objet l'impôt, la propriété, la défense nationale, le respect dû aux pouvoirs, etc., et nous disons que ces lois, si elles sont justes, obligent la conscience même des citoyens.

L'homme étant moralement obligé, à raison de sa nature, de vivre en société, est donc nécessairement lié au for de sa conscience par cette commune direction que le pouvoir donne à la société à l'aide de la législation. Le citoyen est une partie d'un tout, et, comme tel, il se trouve obligé en conscience par les lois, car en tant qu'être social, il doit travailler au bien commun de la société à laquelle il appartient.

Mais cette obligation morale n'existe que lorsque la loi est juste c'est-à-dire qu'elle vise véritablement le bien commun de la société, qu'elle est portée par l'autorité compétente et qu'elle n'impose pas les charges aux citoyens, sans tenir compte de l'égalité.

La loi est injuste lorsqu'elle est opposée au bien, soit que le gouvernement impose aux citoyens des choses qui ne sont d'aucune utilité commune, mais qui ne servent qu'à la propre cupidité ou à la propre gloire des personnages gouvernementaux ; soit que la loi ait été portée par une autorité non compétente ; soit enfin que, malgré son utilité commune, elle charge les citoyens sans proportion d'égalité.

En règle générale, les lois injustes ne peuvent obliger en conscience, car en fait ce ne sont pas des lois, mais de pures violences et des injustices.

J'ai dit qu'en *règle générale* ces lois sont sans force morale ; mais cependant par exception elles peuvent obliger en conscience, lorsque

leur violation serait d'un exemple fâcheux
et pourrait troubler la paix publique. L'homme d'ordre se soumet ainsi parfois à des lois
dont il connaît l'injustice.

Mais en aucun cas il ne peut être tenu en conscience d'observer les lois humaines qui, comble
d'injustice, seraient opposées aux lois que Dieu
a promulguées, soit par le dictamen de notre
raison, soit dans ses révélations surnaturelles.
Ici les lois humaines ne sont plus des lois, ce sont
des impiétés; il est même défendu de leur obéir.

« *Obedire oportet Deo magis quam hominibus* »
est-il dit au quatrième chapitre du livre des
Actes des Apôtres.

Mais quel sera le juge, demanderez-vous, de
la justice ou de l'injustice des lois? Je pourrais
tout d'abord vous dire de vous en rapporter au
simple bon sens de tout homme honnête.

Mais j'ai un juge dont l'autorité est plus impo-
sante ; c'est la religion qui a la garde de la morale du Christ et partant la haute direction des
consciences. A elle il appartient de dire ce qui
fonde ou non une obligation morale. Et pour
lors sans sortir de son domaine elle entre dans

celui de la politique lorsque du haut de la chaire et par les écrits des pasteurs, pour enseigner la morale du Christ elle signale les lois injustes qui n'obligent pas.

J'établis ici pour la religion, le droit strict, de s'immiscer dans la politique, de faire de la politique en chaire.

A la religion il appartient de donner son appui aux lois en ajoutant un motif supérieur à tous ceux qui lient la conscience. « *Omnis potestas a Deo* ».

A la religion il appartient aussi de flétrir les lois injustes et d'ordonner la résistance aux lois impies « *Obedire oportet Deo magis quam hominibus.* »

La résistance à la loi, à l'autorité sociale, voilà un sujet plein de difficultés.

En effet, il ne faut dans notre enseignement, ni porter préjudice à l'autorité sociale pour sauvegarder la liberté du peuple, ni exagérer les droits du gouvernement dans le dessein d'éviter des conséquences préjudiciables à l'ordre social.

Il nous faut donc procéder prudemment,

en détail et avec ordre, pour résoudre ce problème.

Nous avons dit que l'obéissance aux lois justes
est un devoir de conscience. Mais ce devoir
existe-t-il encore lorsqu'il y a doute sur la justice de la loi? Assurément, car il n'appartient
pas au simple citoyen de juger la loi: la présomption est en faveur de l'autorité qui a la
mission de pourvoir au bien commun.

Nous avons dit aussi que l'on doit refuser
l'obéissance à une loi manifestement injuste
par son impiété ou son immoralité. C'est là une
résistance passive dont les martyrs nous ont
donné de nombreux exemples.

Mais la résistance active, qui veut repousser
la violence par la violence, en un mot la révolte
contre le pouvoir social, ou mieux contre des
lois tyranniques, est-elle licite?

Les révolutionnaires qui placent dans le peuple l'origine de l'autorité sociale l'affirment. Ils
disent que la nation peut se révolter contre son
chef, proclamer injustes même, les lois qui mettent un frein aux passions populaires et chas-
ser le chef comme un tyran.

Ce mot tyran n'a pas eu d'abord le sens défavorable que nous lui donnons ; mais aujourd'hui nous appelons tyran un chef d'État qui abusant du pouvoir qu'il a reçu de Dieu, au lieu de gouverner en vue du bien commun selon le droit et l'équité, rend par la force le peuple esclave de ses propres passions.

Je distingue deux sortes de tyrans. D'abord l'usurpateur, c'est-à-dire celui qui s'empare d'une manière illicite du pouvoir souverain. Son élection par le peuple n'a eu lieu ni directement ni indirectement, et partant l'autorité sociale ne lui appartient pas en droit. C'est un prince illégitime.

Sans doute il peut arriver par la suite du temps que l'acceptation des citoyens ou la reconnaissance d'une autorité supérieure légitime un chef d'État qui tout d'abord n'était qu'usurpateur.

Mais ce n'est pas le cas que nous avons à examiner : il s'agit ici de l'usurpateur qui n'a pas encore acquis la légitimité. Or, nous pouvons la considérer, et dans l'acte même de l'usurpation et dans le fait accompli.

Dans l'acte même d'usurpation, l'usurpateur se présente à la société comme un injuste aggresseur, comme un ennemi. Or, si une personne attaquée peut repousser la violence par la violence, *a fortiori* la société peut-elle repousser par la violence un ennemi violent et même mettre à mort un usurpateur.

Et dans cet acte de défense sociale les citoyens même pris individuellement, agissent au nom du chef légitime ou de ceux qui le remplacent, sur leur mandat quelquefois exprès, mais le plus souvent tacite.

Voilà pourquoi, dit saint Thomas : « lorsque quelqu'un s'empare par la violence du pouvoir, soit contrairement à la volonté des citoyens, soit en les contraignant à consentir, si par hypothèse on ne peut recourir à un pouvoir supérieur qui juge de cette usurpation, alors celui qui délivre la patrie et qui tue le tyran usurpateur est digne d'éloge et de récompense. »

Mais ce droit existe-t-il encore lorsque l'usurpateur s'est déjà emparé du pouvoir? En principe nous répondrons que oui : tant que l'usurpateur n'est pas devenu chef légitime par l'élection directe ou indirecte de la société, le gouvernement légitime conserve son droit et peut agir violemment contre l'usurpateur, surtout s'il opprime la société.

Mais ce principe n'est pas toujours applicable en pratique, ou du moins il est modifié par un autre principe.

Le gouvernement légitime a le devoir de procurer le bien de la société et de détourner toute calamité publique.

Si donc de sa résistance violente après le fait d'usurpation accompli, résultaient pour la société de grandes calamités et un détriment considérable, le chef légitime ne pourrait en conscience entreprendre ou continuer cette résistance.

En effet, un chef légitime ne doit pas agir à son profit, mais à celui de l'Etat.

Si donc durant le fait accompli l'usurpateur fait des lois honnêtes et utiles, à la société, celles-ci méritent l'obéissance de la part des citoyens, non pas en tant qu'imposées par le tyran usurpateur, mais en tant que tacitement approuvées par le gouvernement légitime.

12

Ce serait par exemple mettre la société dans un état déplorable, si les honnêtes gens ne pouvaient en conscience user de la protection des lois instituées par un prince illégitime contre les malfaiteurs.

Durant toute la première moitié de ce siècle une grande controverse politique a divisé la société française.

1° Les uns ne voulaient reconnaître comme chefs légitimes de la France que les aînés de la famille de Bourbon, à l'égard desquels la nation s'était liée à perpétuité par un contrat tacite.

2° Les autres prétendaient trouver dans les révolutions et dans les plébiscites l'élection populaire requise pour la légitimation des gouvernements variés qui ont régi la France.

Bien que la présomption soit en faveur de la première opinion, je ne prétends pas résoudre la controverse parce que des gens honnêtes et vertueux et des souverains pontifes eux-mêmes ont accepté la seconde.

Tout ce que je puis dire c'est que le comte de Chambord, dernier représentant des Bourbons de France, a suivi à l'égard des gouvernements usurpateurs la règle de conscience que nous avons exposée. Il a su sacrifier à ses prétentions la paix et le bonheur du pays.

« L'heure est à Dieu, avait-il dit, et la parole est à la France. »

Aujourd'hui la grande controverse sur la légitimité a pris fin. A la mort du comte de Chambord, les légitimistes eux-mêmes se sont trouvé divisés, ne sachant à qui attribuer le droit héréditaire.

Ce doute a détruit le parti légitimiste, pour ne laisser en face de la république qu'un parti royaliste dont le chef demande dans son programme « l'élection populaire ». Le comte de Paris par le fait reconnaît donc ne pas avoir un droit à la royauté, ou pour le moins il a des doutes sur ce droit.

C'est pourquoi la plupart des bons esprits n'ont pu trouver dans ce programme des convictions arrêtées et l'action du parti royaliste s'en est fatalement ressentie. En présence de ses échecs nombreux on s'est demandé s'il n'était pas mieux d'accepter le gouvernement établi, la république. Cette adhésion a parfaitement légitimé ce gouvernement (1).

J'ai dit au commencement de cette leçon qu'il fallait distinguer deux sortes de tyrans : l'usurpateur est la première espèce de tyran,

Je parlerai maintenant de la seconde.

Lorsqu'un chef, lorsqu'un gouvernement a été élu et reconnu par la société, qu'il possède légitimement le pouvoir, il peut encore abuser de ce pouvoir en portant des lois injustes et en les faisant exécuter.

J'ai établi ailleurs que l'on peut opposer et même que l'on doit quelquefois opposer une résistance passive aux lois en refusant de les observer, et cela jusqu'à la mort du martyre.

Mais peut-on prendre contre un gouvernement tyrannique une attitude activement agressive? La révolte est-elle pour les sujets un droit, un devoir ? Est-il permis à un peuple de faire mourir son souverain légitime ?

---

1. J'écrivais ceci en 1892, bien avant que Léon XIII eut donné son adhésion définitive à la république. La politique du saint-Siége n'a donc fait que me confirmer dans mes appréciations.

Voilà des questions si embrouillées, si con-
troversées que je leur consacrerai toute la prochaine leçon, sans oser me promettre de trouver
une solution bien satisfaisante.

La première opinion dit que les peuples ont
les gouvernements qu'ils méritent. Saint Thomas conclut que le peuple qui a un mauvais
gouvernement doit commencer par se corriger.

Cela est très beau en théorie, mais ne justifie
pas les injustices du pouvoir et n'indique pas
par exemple comment un petit groupe de
citoyens honnêtes peut arriver à corriger une
grande masse populaire, tant qu'il n'a pas au
moins l'autorité sociale : c'est un cercle vicieux
dont on ne peut sortir.

Nous verrons dans la prochaine leçon les
autres opinions et je vous donnerai enfin la
mienne.

17ᵉ LEÇON

LA RÉSISTANCE AU POUVOIR.

La seconde opinion sur la résistance à opposer à l'oppression tyrannique est encore moins pratique que celle exposée dans la dernière leçon.

Cette opinion considère la tyrannie comme un des maux accidentels de ce monde. Or, de même, ajoute-telle, que nous devons souffrir avec patience l'infirmité ou l'infortune, il faut ainsi souffrir la tyrannie.

Nous commencerons par nier la ressemblance qu'on s'efforce d'établir entre le mal de l'infirmité ou de l'infortune et celui de la tyrannie.

L'infirmité, l'infortune sont des maux infligés par Dieu à l'égard de qui nous n'avons aucun droit, tandis que la tyrannie vient d'un chef à l'égard duquel nous avons le droit strict d'être bien gouverné.

Donc tout en admettant que c'est pour l'homme un mérite de savoir souffrir patiemment l'injustice, cela ne détruit pas la culpabilité du chef d'Etat, quand il abuse pour le mal d'un pouvoir que Dieu lui a confié pour le bien. Par conséquent la société, même lorsqu'elle souffre patiemment, ne perd pas la faculté de pouvoir réclamer son propre droit.

Donc cette deuxième opinion ne résout pas encore la question.

Voyons la troisième.

Ses partisans disent qu'en face de la tyrannie, les citoyens conservent toujours le droit de protester, d'appeler comme d'abus et d'employer tout moyen de ce genre.

Cela est très beau, mais tout à fait en dehors de la question.

Si le tyran porte des lois manifestement injustes, et c'est le cas dont nous parlons, il se préoccupe peu des protestations, des appels, etc., et il sait rendre également impossible aux citoyens la répétition de leurs droits.

D'autre part supposons qu'il s'agisse d'un cas urgent : le tyran livre la patrie à la domination étrangère ou bien porte une loi qui expose les citoyens à un danger manifeste.

Ici les appels, les protestations ne signifieraient rien, seraient ridicules, si la société n'avait le droit après avoir employé les moyens pacifiques d'opposer une résistance plus sérieuse.

Quelle doit être cette résistance ? la troisième opinion ne le dit pas.

La quatrième opinion appuyée comme la première, que nous avons réfutée, sur l'autorité de saint Thomas paraît plus sage.

En principe, on peut dire en se basant sur l'expérience, que la résistance au tyran crée à la société des maux plus grands que ceux qu'elle veut éviter.

En effet, dans la lutte ou c'est le tyran qui triomphe, et pour lors il ne devient que plus exigeant, ou c'est le peuple. Mais la victoire du peuple est toujours suivie d'anarchie ; il faut en effet trouver un nouveau chef et la société se divise en partis politiques. Le plus souvent il

arrive que l'homme qui s'est mis à la tête de la
rébellion s'empare du pouvoir et dans la crainte
de subir un sort pareil à celui de son prédécesseur il devient un tyran pire que lui.

Donc le simple bon sens dit qu'il serait
absurde pour fuir un mal moindre de s'exposer
à un plus grand, car entre deux maux il faut
choisir le moindre. Donc tant que la tyrannie
n'est pas excessive il vaut mieux la supporter
que de ruiner la patrie.

Dans cette conclusion il est à remarquer que
l'on fait une hypothèse : on suppose que la
tyrannie n'est pas excessive ; mais que faire si
elle est un mal pire que le mal résultant de la
résistance ? La résistance est-elle alors moralement licite ?

Nous voici arrivé au point précis de la question. Dans le cas de la tyrannie excessive d'un
prince d'ailleurs légitime, est-il permis aux
citoyens de résister par la violence à sa violence ?

Distinguons bien d'abord deux sortes de
résistance active : l'une est simplement défensive, l'autre est offensive.

Faisons comprendre cette distinction par un exemple.

Vous avez un ennemi qui vous attend le soir au détour d'une rue et vous attaque à main armée ; il est évident que vous lui opposez une résistance défensive ; mais si sachant que vous avez un ennemi, vous prenez les devants pour l'attaque, si vous allez le premier l'attendre au détour de la rue, vous prenez alors l'offensive.

Cette distinction bien saisie, je pose les thèses suivantes et je les prouve :

1° Il est absolument défendu, par la morale, aux citoyens de prendre l'offensive en résistant à un pouvoir légitimement établi mais tyrannique.

En effet, les citoyens sont des sujets et comme tels ils ne peuvent avoir autorité sur leur souverain et le juger et par conséquent lui faire violence. Que ce souverain soit un tyran, qu'il abuse de son pouvoir, soit ; mais il n'en demeure pas moins le chef juridique de ses sujets et il ne leur est point soumis.

Le fait d'abuser du pouvoir ne fait pas qu'on

perde le droit de régner. Or, il est défendu de dépouiller autrui de son droit.

Donc il est absolument défendu aux citoyens de se révolter contre le souverain, de lui enlever l'autorité, et *a fortiori* de le mettre à mort.

Voilà la conclusion rigoureuse de la doctrine que nous avons embrassée sur l'origine du pouvoir, conclusion *à laquelle je n'adhère qu'à contre-cœur*, mais qui me paraît la seule vraiment logique.

Saint Thomas (*de regimine principum*, liv. I, chap. VI) propose trois remèdes contre la tyrannie excessive :

1° Le recou⟩ ⟩ à une autorité supérieure. Si le tyran a un suzerain on peut avoir recours à celui-ci, mais s'il n'en a pas il reste encore le souverain spirituel qui, comme juge de la morale sociale, a le droit de défendre la liberté des peuples.

Je sais que vous allez vous récrier sur la subordination de l'Etat à la Religion, mais souvenez-vous qu'il n'y a pas longtemps, vous, maintenant les défenseurs de l'Etat, vous revendiquiez votre liberté individuelle, lorsque la religion vous disait que les lois de l'Etat liaient la conscience.

2° Saint Thomas remarque que dans la constitution de certains états le peuple s'est réservé le droit de déposer le souverain qui abuserait de son pouvoir, et de le juger. Dans ce cas on peut en conscience employer les moyens légalement constitutionnels pour lui retirer le pouvoir.

Mais il est à observer que ce mode de répression de la tyrannie ne se trouve guère que dans les états démocratiques et c'est à mon avis ce qui leur donne à ce point de vue une supériorité sur les états monarchiques.

3° Enfin à défaut de tout autre secours, on peut encore, dit saint Thomas, s'adresser au Dieu qui est l'appui de l'affligé, qui entend la prière, qui touche les cœurs et qui peut convertir les tyrans les plus cruels.

Voilà les seuls moyens dont la société dispose pour secouer le joug de celui qui l'opprime ; voilà la seule offensive qu'elle peut prendre.

Certes je dois en convenir, ces moyens sont le

plus souvent inefficaces en pratique, et je suis obligé de dire que je ne vois pas clairement la solution du problème.

Mais si la résistance offensive est interdite, en est-il de même de la résistance défensive ? Ma deuxième thèse doit répondre.

2° *La résistance défensive contre une tyrannie excessive peut être moralement permise.*

En effet, nous avons établi qu'il y a des cas où la résistance passive à l'égard des lois injustes ou impies est non-seulement un droit mais encore un devoir. Si donc l'autorité veut contraindre par la violence à l'observation de ces lois, on peut résister de toutes ses forces, car dans ce cas on ne résiste pas à l'autorité elle-même, mais à l'abus de l'autorité.

Remarquez encore qu'il y a dans la résistance un ordre à suivre : ce n'est pas aux individus qu'il appartient d'unir leurs forces pour résister en se défendant, à la violence du tyran : nous avons établi ailleurs que les sujets immédiats de l'Etat sont les provinces et les villes.

Les individus et les familles doivent donc se

13

contenter de la résistance passive ; et même si l'autorité provinciale ou municipale, au lieu de prendre la défense de ses sujets, se fait l'instrument même de la tyrannie, il vaut mieux encore aux individus s'en tenir à la résistance passive, non certes qu'ils n'aient pas le droit de se défendre, mais pour éviter de plus grands maux.

Qu'ils recourent encore par la prière au Dieu tout-puissant et qu'ils espèrent en son secours.

Telles sont, dans leur ensemble, les solutions que nous pouvons donner au problème de la résistance à l'autorité tyrannique.

La tyrannie est un fléau dont il n'est pas facile à un peuple de se délivrer; aussi peut-on dire que dans la législation constitutive d'un état on ne peut prendre trop de précautions pour la prévenir et en rendre la répression possible.

Le gouvernement monarchique a le grand inconvénient, surtout s'il est absolu, de rendre impossible cette répression. Aussi peut-on dire qu'une mauvaise monarchie est le pire des gouvernements.

Il vaut mieux encore l'oligarchie de quelques

nobles qui oppriment le peuple pour s'enrichir à ses dépens, car dans le nombre de ces puissants il peut se trouver quelques gens honnêtes, qui corrigent les excès de leurs collègues.

A la monarchie despotique et à l'oligarchie on doit même préférer la république radicale. Dans ce régime c'est la masse populaire qui gouverne selon son caprice et quelquefois même contrairement au bien social. Mais dans ce régime le peuple est le maître, il peut revenir de son caprice et rentrer dans le droit chemin.

Sans doute la république démocratique est encore préférable au radicalisme ; dans le système démocratique les charges pèsent sur les riches et la masse plébéienne a le pouvoir par le moyen du suffrage universel.

Mais la république démocratique est préférable encore à la monarchie despotique, parce qu'elle laisse toujours plus de liberté.

En un mot il vaut mieux une mauvaise république qu'une mauvaise royauté.

Mais il vaut mieux une bonne royauté qu'une bonne république.

La république est un gouvernement dans lequel le peuple choisit par élection dans tous les rangs de la société les chefs qui doivent le gouverner pendant un temps relativement court.

Dans le cas où le pouvoir est réservé à certains individus distingués par leur naissance, leur rang ou leur mérite, la république est alors aristocratique, et quand elle ne dégénère pas en oligarchie elle vaut mieux que la république démocratique, puisqu'elle suppose plus d'intelligence dans la direction de l'Etat.

La monarchie vaut encore mieux que l'aristocratie, car l'expérience démontre que c'est une forme de gouvernement plus durable. Puisque dans ce régime il n'y a que la volonté d'un seul qui dirige toute l'action sociale, on conçoit que la royauté est surtout avantageuse pour l'union et la tranquillité des citoyens. La volonté du roi n'est en effet contrariée par aucune autre volonté. C'est là le principe et l'effet en même temps du régime monarchique.

Pour éviter les compétitions et les troubles qui les suivent à la mort du roi, la monarchie héréditaire est préférable à la monarchie élective.

Enfin, pour éviter le despotisme, il faut que la monarchie soit tempérée par des lois consti-tutionnelles qui lui enlèvent son caractère absolu.

Dans la monarchie tempérée, les citoyens les plus distingués par leur rang ou leur mérite sont appelés à partager le pouvoir royal, et le peuple lui-même peut élire dans tous les rangs de la société des chefs secondaires qui gouvernent sous la direction suprême de l'au-torité royale.

Il ne faut pas confondre la monarchie tempé-rée avec la monarchie qu'on est convenu d'ap-peler *constitutionnelle* et qui n'est qu'une répu-blique déguisée.

La formule de ce régime est : « le roi règne et ne gouverne pas. »

Lock, dans son livre *du gouvernement civil* et après lui Rousseau dans son *Contrat social* ont jeté les bases du régime constitutionnel, en soutenant que le pouvoir législatif appar-tient originairement au peuple.

Nous avons suffisamment fait voir la fausseté de cette doctrine et nous n'avons à présent qu'à considérer ce que valent les gouvernements qui ont été établis sur ces principes.

D'abord la multiplicité des volontés et des pouvoirs amène infailliblement un jour donné la contrariété et la collision. Du conflit naît la résistance, qui deviendra tyrannie chez le monarque ou sédition chez le peuple.

Il est moralement impossible qu'une constitution puisse prévoir tous les points sur lesquels peuvent se contredire un jour la volonté du monarque et celle du peuple. Forcément il faudra qu'une de ces volontés l'emporte et partant on n'aura plus une monarchie constitutionnelle.

D'ailleurs, en fait, sous le régime constitutionnel ce n'est pas plus le peuple que le roi qui gouverne, mais c'est une faction, un parti qui soutient sa cause et satisfait son ambition, en se servant du peuple comme d'un instrument.

Il faut dans une assemblée législative des gens sages, honnêtes, prudents, murs, ayant, par l'expérience et l'étude, la connaissance des hommes, des choses et du temps. Or, dans le régime constitutionnel, le peuple choisit très souvent des gens incapables, qui l'ont séduit par leurs promesses ou en se posant comme adversaires du gouvernement.

Arrivés à l'Assemblée, ces élus se divisent nécessairement en deux camps : les uns attaquent le ministère ; les autres le soutiennent ; c'est à qui l'emportera. Et pour obtenir le succès on gagne à prix d'argent, l'adversaire, le journalisme, l'opinion publique ; on satisfait les ambitions des derniers parvenus ; on fait les lois dans l'intérêt du parti prépondérant.

L'Assemblée, devenue bientôt l'instrument d'un groupe de politiciens, opprime le peuple par une tyrannie insupportable et cependant oublie les plus graves intérêts de la nation.

Les ministres, il est vrai, sont responsables ; mais il leur suffit de donner leur démission pour se mettre à l'abri. S'ils veulent rester longtemps en place, ils sont forcés d'être les humbles serviteurs du parti dominant.

Or comme, dans le régime représentatif, les partis tendent toujours à se supplanter, voyez la déplorable situation du pouvoir exécutif.

Les ministres sont obligés de se faire des amis de tous ceux qui se présentent et parfois d'abandonner les hommes de mérite, qui seraient utiles à l'Etat, pour contenter les protégés, même de leurs adversaires : ils veulent ainsi les empêcher de nuire au gouvernement.

Ce n'est pas tout : il faut que les ministres achètent le journalisme afin qu'il ne tienne pas en échec leur autorité ; il faut qu'ils gagnent les collèges électoraux.

Et pour tout cela, on dilapide les finances publiques ; tout devient vénal, la vertu disparait et la dissolution va du gouvernement au peuple. Les honnêtes gens se découragent et tombent dans l'apathie ; le roi, privé par la constitution de tout pouvoir législatif, est obligé de laisser aller l'Etat à sa ruine.

En matière judiciaire le système du jury civil n'est que l'application du régime constitutionnel. Or, n'est-il pas absurde de faire constater la culpabilité d'un accusé par des gens qui la plupart du temps n'entendent rien à la jurisprudence ? Il y a un juge, mais chose étonnante, il ne juge pas : il ne fait qu'appliquer la loi à ce qui a été jugé par le jury.

Autre chose est de constater simplement un fait ou de le constater judiciairement. Dans plusieurs cas tout individu peut faire la simple constatation, mais pour juger de la preuve judiciaire, il n'y a qu'un homme de loi qui peut en être capable.

Concluons : la monarchie constitutionnelle est loin d'être la meilleure forme de gouvernement.

Maintenant, en présence des avantages et des inconvénients qu'ont les divers systèmes que nous avons exposés, c'est au peuple de choisir la forme qu'il préfère selon ses tendances et ses intérêts. Mais quoiqu'il en soit, il est toujours nuisible pour une nation de changer trop facilement de forme politique.

Et même lorsqu'il s'agit de modifier la constitution du pays, cela ne doit pas être le fait de la violence populaire, mais le gouvernement légitime d'accord avec le peuple doit opérer ce changement.

J'ai parcouru très rapidement la question de

la forme gouvernementale, parce que je la considère comme de moindre importance.

Pour terminer ce traité il me faudrait parler :
1º des rapports des sociétés civiles entre elles ;
2º des rapports de la société civile avec la société
religieuse.

En ce qui concerne la première question je ne
vois rien à dire au sujet des contrats internationaux. Je pourrai parler du principe de non-
intervention, mais l'immoralité de ce principe
ressort suffisamment, lorsqu'on le critique d'a-
près les données de notre doctrine sur l'origine
du pouvoir.

Je pourrai parler aussi de la guerre, mais je
pense que personne de mes lecteurs ne refuse à
la société le droit de se défendre et même de
revendiquer son droit les armes à la main.

Néanmoins je compte produire sous peu une
étude spéciale sur le système de la nation armée, système qui a reçu aujourd'hui une application pratique.

En ce qui concerne les rapports de la société
civile et de la société religieuse, il est impossible de donner une doctrine complète tant que

l'on n'admet pas le fait de la révélation et la divinité du catholicisme.

Aussi je crois que cette question appartient
moins à la science du droit naturel social, qu'à
celle du droit public ecclésiastique, dont nous
pourrons parler un jour.

LEÇONS SUPPLÉMENTAIRES.

SUR

LES RAPPORTS DE L'ÉGLISE ET DE L'ÉTAT.

Pour compléter notre cours, nous croyons être agréable aux lecteurs en ajoutant ici huit leçons, qui ont été données à la conférence des études sociologiques, antérieurement à nos leçons de droit social naturel.

1re LEÇON

DU CARACTÈRE SURNATUREL DE L'ÉGLISE.

L'église est une société surnaturelle, c'est-à-dire qu'elle a une fin surnaturelle, qu'elle est par conséquent d'ordre surnaturel.

Selon Saint Thomas (Cont. Gent. liv. I, Ch. I.) l'ordre est la disposition convenable des

noyens pour atteindre une fin. Il suit de cette
léfinition que nous trouvons dans l'ordre qua-
re éléments : 1° l'agent ; 2° la fin ; 3' le moyen ;
l° la loi.

1° La fin est le terme vers lequel tend l'agent
it dans lequel il se repose, après l'avoir atteint.

a fin de l'agent n'est pas en réalité quelque
:hose d'extrinsèque à l'agent ; c'est l'évolution
lernière de l'agent ; c'est l'agent lui-même en
ant que terminé sous tout rapport, en tant que
)arfait. Donc la fin est de même espèce, de
même nature que l'agent.

Ainsi la fin de l'arbre est le fruit, ou mieux
l'arbre fructifiant. Or, l'arbre en plein état de
porter ses fruits, c'est l'évolution dernière du
principe vital, qui constitue l'arbre lui-même.

De même la fin de l'homme consiste dans la
:onnaissance et l'amour pleins et consommés
le Dieu, avec le plein concours du corps. Or,
:ette connaissance et cet amour sont la dernière
évolution du principe vital, qui constitue
l'homme soit dans son être naturel, soit dans
l'état de grâce, en supposant une fin surnaturelle ; donc la fin de l'homme n'est que l'évolu-

tion parfaite et dernière de l'homme lui-même.

2º Le moyen qui est le troisième élément de
l'ordre, n'est autre chose que ce par quoi
l'agent tend vers sa fin et l'atteint.

Le moyen, proprement dit ou intrinsèque, ne
peut être rien autre que l'opération de l'agent
lui-même, qu'une évolution non encore parfaite
et consommée, par laquelle il tend vers son évolution dernière et l'atteint ; donc le moyen est
de même espèce que l'agent et la fin.

Voyez : l'arbre devient parfaitement fructifiant, il atteint sa fin, par une évolution succes-
sive du principe productif, qui constitue l'arbre. Pareillement l'homme tend vers sa fin,
c'est-à-dire à la connaissance et à l'amour consommés de Dieu par des actes, qui ne sont pas
encore complètement parfaits, de cette même
connaissance et de ce même amour. Donc le
moyen est une certaine évolution de l'agent
lui-même, ou du principe ; la fin est l'évolution immédiatement parfaite du moyen, et l'é-
volution médiatement parfaite du principe ou
de l'agent; donc ces trois choses sont par conséquent de même espèce.

3° La loi est la direction selon laquelle les moyens sont disposés et apportés par l'agent, pour bien tendre vers la fin et se reposer pleinement en elle. Elle est accommodée en telle sorte à l'agent, à la fin et aux moyens, que, si l'agent dirige ses moyens selon la loi, il atteindra infailliblement et parfaitement la fin ; donc la loi est de même espèce que l'agent, le moyen et la fin, sinon elle ne leur serait pas proportionnée et ne pourrait ni les diriger ni les régler.

Donc, puisque ces quatre éléments sont de même espèce, il suffit de connaître l'espèce de l'un d'eux pour connaître l'espèce de l'ordre auquel il appartient.

On distingue deux sortes d'ordre : 1° l'ordre naturel ; 2° l'ordre surnaturel.

On nomme essence d'un être, ce par quoi il est constitué dans son espèce et distinct des autres ; c'est en conséquence la racine première de toutes les propriétés de cet être. Or, comme l'activité d'un être dépend toujours de son essence (par exemple, l'homme peut penser, parce qu'il est essentiellement raisonnable,) on

donne à l'essence, en tant qu'elle est principe
d'opération, le nom de « nature, » parce que ce
mot signifie naissance, ou génération.

La nature est donc le principe d'opération
intrinsèque et permanent dans tout individu
existant. Je dis : « dans tout individu existant, »
car l'essence existant réellement peut seule
agir. L'essence, seulement possible, n'opère pas.

Tout être créé a sa nature, par laquelle et
selon laquelle il agit, par laquelle il est agent ; il
tend vers une fin par l'évolution de sa nature.
Je définis donc l'ordre naturel : une disposition convenable des moyens naturels d'un être,
vers une fin naturelle.

Il ne faut pas confondre l'ordre naturel avec
l'ordre de la nature. L'ordre de nature est la
disposition convenable de toutes les créatures
prises collectivement vers une fin commune à
toutes. C'est l'ordre de la Providence selon
lequel Dieu dirige et subordonne les unes aux
autres les causes secondes. Nous n'avons pas
ici à parler de l'ordre de la nature, il s'agit seulement de l'ordre naturel.

Le naturel, c'est tout ce qui est selon les exi-

gences et les forces de chaque nature individuelle. Ainsi il est naturel à la plante de croître, de fleurir et de porter des fruits, mais il
ne lui serait pas naturel de penser et même
de marcher. Dans un sens plus strict, le naturel c'est tout ce qui est selon les exigences et
les forces de toutes les natures créées ou créables prises ensemble.

Le surnaturel est au contraire ce qui surpasse les exigences et les forces des natures
créées ou même créables. L'ordre surnaturel
est une disposition convenable des moyens
surnaturels vers une fin surnaturelle.

On distingue deux sortes de surnaturel :
1° le surnaturel relatif qui surpasse les exigences et les forces de telle nature inférieure,
mais non pas celle de telle autre supérieure
créée ou seulement créable. Si un arbre pouvait penser, ce serait surnaturel relativement à
cet arbre, mais la pensée est à l'homme une
chose toute naturelle. Si l'homme avait la
science infuse, ce serait pour lui, qui naturellement doit l'acquérir, une chose surnaturelle, mais l'intelligence de la vérité sans le

raisonnement est chez l'ange une chose naturelle. Nous ne parlons ici ni de l'ordre de la
nature, ni du surnaturel relatif; il est question du surnaturel absolu.

2° Le surnaturel absolu est celui qui surpasse
les exigences et les forces de toute nature non
seulement créée, mais même créable, en sorte
que, dans aucune hypothèse, même par la toute
puissance divine, il ne peut devenir naturel.
Ainsi la vie divine ne peut être naturelle pour
aucune créature et si cette créature vit cependant de la vie divine, ce sera du surnaturel
strict et absolu.

Or quand je dis que l'Église, c'est-à-dire la
société des disciples de J.-C. professant la
même foi, participant aux mêmes sacrements
et soumise au même pasteur, est une société
de l'ordre surnaturel, j'entends signifier par
là « le surnaturel absolu. »

Or, comme dans l'ordre, l'agent, la fin, le
moyen, la loi sont de même espèce, je dis :

1° La fin de l'Église est absolument surnaturelle ; c'est le ciel, qui consiste en la vue intuitive de l'essence divine, par laquelle nous deve-

nons pleinement consorts et participants de la
vie même de Dieu. Nous comptons expliquer
cela dans la prochaine conférence, mais voici
dès maintenant les textes de l'Écriture qui
établissent cette vérité.

« *Hæc est vita æterna : ut cognoscant te solum
Deum verum et quem misisti Jesum Christum.* —
S. Jean, XVII, 3. »

« *Cum apparuerit, similes erimus, quoniam vide-
bimus eum sicuti est.* — I Joan, III, 2 ».

« *Videmus nunc per speculum et in ænigmate,
tunc autem facie ad faciem. Nunc cognosco ex
parte : tunc autem cognoscam sicut et cognitus
sum.* — I Cor. XIII, 12. »

2° Si la fin de l'Église est surnaturelle, ses
moyens doivent l'être aussi et sa loi de même.
Tout dans la constitution de cette société doit
participer à la nature de la fin.

Ceci posé, il nous est facile de formuler le
principe qui règle tout le droit public de l'É-
glise, qui détermine sa position par rapport à
toutes les autres sociétés civiles ou religieuses.

*L'Église a le droit d'atteindre sa fin sur-
turelle ;* par conséquent : 1° elle a le droit de

sanctifier les hommes, car l'œuvre de sanctification est le moyen par lequel la fin surnaturelle, le ciel, sera atteint ; 2° elle a le droit de
mettre librement à la disposition des hommes,
les instruments de la sanctification, qui sont la
prédication de l'enseignement révélé, les sacrements et le sacrifice ; 3° elle a le droit de gouverner librement ses membres selon la loi
surnaturelle révélée, dont le droit ecclésiastique n'est qu'une constante application.

Sans doute la plupart des journalistes et des
publicistes, qui défendent à notre époque les
intérêts catholiques, sont loin d'avoir, sur l'ordre surnaturel et partant sur l'Église, des
notions aussi précises. On sait bien que l'Église
est une société surnaturelle, mais on entend
par là que la divinité de sa mission civilisatrice
et moralisatrice est établie par des miracles.
On dit le surnaturel, c'est le miracle.

Il importe donc de bien distinguer le surnaturel et le miracle, qui n'est surnaturel que
dans son mode et qui est plus exactement appelé « præternaturel. »

Le fait surnaturel, proprement dit et absolu,

l'est dans sa substance ; c'est une communication et une participation excellente de la divinité faite à la créature raisonnable, par une union spéciale avec Dieu.

Le fait præternaturel, le miracle, est au contraire naturel dans sa substance, mais dans la manière de se produire il surpasse les forces de la nature, il est en dehors de ses lois, il est præternaturel. Quelques exemples feront comprendre la chose.

1° Lazare ressuscité vit d'une vie naturelle, comme celle qu'il avait avant de mourir. Cette vie de ressuscité est donc en soi naturelle ; mais il est en dehors des lois de la nature de vivre après être mort, de retrouver la vie à la voix d'un homme. C'est surnaturel quant au mode, c'est-à-dire que c'est præternaturel.

2° Connaître un fait historique, c'est une chose en soi naturelle ; mais la connaître à l'avance, voilà qui est en dehors des lois de la nature. Voilà pourquoi je dis que la prophétie est un miracle intellectuel.

3° Répandre son sang pour une croyance ; voilà qui est encore naturel en soi. Mais lorsque

ceux qui meurent ainsi sont faibles ou à raison
de leur sexe, ou à raison de leur âge, ou à raison
de leur caractère, on dit que cette mort est
surnaturelle quant à la manière selon laquelle
elle se produit; elle constitue un témoignage
extraordinaire, qui est un miracle dans l'ordre
moral.

———

2ᵉ LEÇON

DE LA FIN SURNATURELLE DE L'ÉGLISE.

Nous avons, Messieurs, dans notre précédente conférence parfaitement distingué l'ordre du surnaturel absolu : 1° de l'ordre naturel ; 2° de l'ordre de la nature ; 3° du surnaturel relatif ; 4° du præternaturel, qui n'est pas surnaturel quant à la substance même du fait, mais seulement quant au mode, selon lequel il se produit.

Nous avons aussi démontré que l'Église est une société d'*ordre surnaturel absolu*, puisqu'elle a mission de conduire les hommes à une fin absolument surnaturelle, à la participation glorieuse de la vie divine elle-même. Trois textes de l'Écriture d'une clarté remarquable nous ont servi à établir cette vérité. La fin est surnaturelle ; donc les moyens le sont aussi ; donc l'agent est aussi surnaturel, ou pour le moins élevé à un état surnaturel, puisqu'il y a connexion et proportion de nature entre les divers éléments d'un ordre, puisque la fin n'est que l'évolution dernière, complète et parfaite de l'agent. Donc l'Église est une société vraiment surnaturelle et c'est avec raison que, dans le symbole, nous disons : « la *sainte* Église catholique ». L'état de sainteté est en effet une même chose que l'état de grâce, ou l'état surnaturel.

Pour vous faire, Messieurs, bien saisir tout ce qu'il y a de grand et en même temps de profond dans ce principe que nous devons rappeler à chaque instant dans notre cours de droit public, je vais essayer aujourd'hui de vous donner une notion générale, mais précise, sur la nature de cette fin que poursuivent ensemble les membres de la société ecclésiastique. Je vais vous parler du ciel, de la vision intuitive de Dieu.

Il est de foi qu'au ciel nous verrons Dieu, tel qu'il est, face à face. Si nous voulons nous rendre compte de cette vision nommée « intui-

tive » parce que l'esprit pénètre tout d'un coup
ce qu'il y a en Dieu de plus caché à la créature,
l'essence divine, elle-même, il nous faut analyser la connaissance naturelle de l'homme. Je
suivrai, pour faire cette analyse, le système scolastique parce que il contient tout ce qu'il y a
de fondamental dans les autres, parce que je le
trouve plus sage et plus clair, parce que il tient
un juste milieu entre le matérialisme et l'idéa-
lisme exagéré, parce qu'enfin c'est celui de
saint Thomas d'Aquin. La théologie l'a adopté
non pas pour en faire une doctrine de foi,
mais comme plus approprié à l'exposition, au
développement de la doctrine révélée.

L'intelligence de l'homme, ou mieux l'intellect humain (car l'intelligence est plutôt l'opération de l'intellect) est une pure puissance qui
est indifférente de soi, à avoir telle ou telle
idée : ainsi nous le démontre l'expérience. Je
pense maintenant à une chose, mais je pourrais penser à une autre, avoir toute autre idée.
Les scolastiques pour exprimer cette indifférence de l'intellect l'ont nommé « intellect
possible » non pas qu'il ne soit quelque

chose de réel, mais parce qu'il est en puissance pour recevoir des idées et qu'il passe de cet état de puissance à l'acte même de la conception. Donc l'intellect est de soi « une table rase, *tabula rasa*, comme, par exemple, dans l'enfant qui vient de naître. Mais comment les idées s'y gravent-elles ?

Les scolastiques disent que nous ne pouvons selon notre nature acquérir aucune idée sans l'intermédiaire des sens ou au moins des images sensibles fournies par l'imagination. L'homme est essentiellement composé d'un corps et d'une âme raisonnable ; or, puisque, ainsi que nous l'avons dit dans notre première conférence, l'activité d'un être est en raison de son essence, la connaissance humaine ne doit pas se produire sans un concours quelconque de la part du corps. La connaissance de l'animal est purement sensible, celle de l'homme qui est un animal raisonnable doit être « *sensibilo intellectuelle* ».

Donc toutes nos idées, même celles qui représentent des êtres spirituels, ont besoin pour se former de trouver préalablement des images sensibles, des fantômes. Nous connaissons l'immatériel par le matériel, en niant la composition ; nous connaissons l'infini par le fini, en niant la limite ; l'incréé par le créé, en niant la causabilité.

C'est de cette nécessité, qu'il y a pour nous de concevoir intellectuellement avec le concours des fantômes, que provient la difficulté que nous rencontrons dans l'étude des sciences abstraites et c'est pour y obvier que les scolastiques ont créé des mots, qui par leur étrangeté ne disent presque rien à l'imagination, tout en lui donnant un aliment suffisant pour que l'intellect puisse agir.

L'image sensible frappe mon œil et l'impressionne lumineusement ; voilà un phénomène purement physique. Le nerf optique s'ébranle, il porte l'image au cerveau ; voilà un phénomène physiologique ; l'image ébranlant le cerveau devient l'objet de l'imagination, de ce que les grecs nommaient « la fantaisie ; » et pour cette raison les scolastiques disent que l'image est le fantôme (phantasma) de l'objet matériel perçu par les sens.

C'est de ces « fantômes imaginaires » que l'intellect doit tirer une image non plus sensible, mais intelligible qui représente l'essence, qui est l'objet propre de l'intellect. Il appartient à toute puissance de tendre vers son objet. Donc l'intellect ne doit pas seulement être indifférent à recevoir toute idée, il faut aussi qu'il se forme des idées. Il doit être non-seulement possible ; il doit aussi être agent. Saint Thomas et les scolastiques distinguent : 1° l'intellect possible ; 2° l'intellect agent.

L'intellect agent abstrait les essences de leurs conditions encore sensibles et matérielles et individuelles, il les illumine de sa lumière, il en fait des « espèces impresses. »

Je viens, Messieurs, de prononcer un mot qui a soulevé et soulève encore bien des controverses, parce qu'il n'a jamais été nettement défini. Saint Thomas lui-même ne nous dit pas au juste ce qu'il faut entendre par « cette lumière de l'intellect » qui abstrait des fantômes les espèces impresses, l'essence, l'universel. C'est la grande question de l'origine des idées. Je n'ai pas l'intention de vous exposer la controverse,

car cela ne vient pas à mon sujet. Il me suffit
de dire que, dans le système thomiste, cette
lumière n'est pas extrinsèque à l'intellect lui-
même. Mes yeux n'éclairent point les objets
qu'ils perçoivent, ne les rendent point visibles;
les objets sont éclairés par ailleurs. Mon intelligence au contraire rend intelligible ce que les
sens lui ont fourni, l'éclaire intellectuellement.

Ce travail achevé par l'intellect agent, l'intellect possible, que désormais et vous comprenez
pourquoi nous nommerons patient, intellect
patient, reçoit les espèces intelligibles impresses, comme dans un miroir et connaît par elle
l'objet représenté.

L'espèce intelligible prend alors le nom,
Messieurs, d'espèce expresse, de concept, de
verbe mental.

L'espèce impresse se nomme forme intellectuelle ou idée parce qu'elle détermine l'intellect
possible à la connaissance et représente l'objet comme intelligible.

L'espèce expresse est le terme de l'opération
de l'intellec·, c'est celle dans laquelle l'intellect
se représente *l'objet comme actuellement connu;*

14.

c'est le verbe mental, parce que l'intellect, en
connaissant la chose, parle comme en lui-
même, c'est-à-dire s'exprime l'objet qu'il
entend.

En un mot l'espèce impresse détermine l'intellect à connaître et quand elle devient expresse
il connaît l'objet.

Ne confondez pas, Messieurs, je vous prie, le
verbe mental terme de l'opération avec le verbe
oral qui l'exprime d'une manière sensible et
conventionnelle et n'est qu'un fruit de l'imagination.

Voilà sans doute une longue et minutieuse
analyse de notre intelligence ; nous paraissons
être bien loin de la vision intuitive, de la vue
de Dieu dans son essence. Rassurez-vous, Messieurs, nous touchons au port.

Dieu est l'intelligence parfaite, puisqu'il nous
a créé à son image ; mais à raison même de la
perfection de sa nature et de la simplicité de
son essence, nous ne rencontrons en lui ni ces
distinctions d'intellect possible et d'intellect
agent, d'espèces impresses et expresses.
Néamoins, il y a en Dieu le Verbe mental,

l'Engendré unique, le Fils. Entre *Dieu connais-sant lui-même* et connaissant tout en lui et *Dieu connu* je trouve deux relations réellement dis-tinctes parce qu'il y a une opposition réelle entre le connaissant et le connu. Si mon verbe mental ou les espèces expresses procèdent de mon intellect, le Verbe procède distinctement du Père et cependant dans l'unité de nature.

Eh bien, Messieurs, c'est de cette vie intellec-tuelle divine, et partant absolument surnatu_relle, que nous devenons participant par la vision intuitive.

Naturellement l'homme est incapable de voir l'essence divine : 1° Parce que, être à la fois sensible et raisonnable, l'homme ne conçoit pas sans le concours des sens. Tout ce qu'il con-naît de Dieu, il le connaît par le spectacle de l'univers qui demande une cause suprême et un premier moteur. L'homme connaît naturel-lement que Dieu existe; mais quant à la nature de cet être infini et par conséquent incompré-hensible, l'homme sait plutôt ce que Dieu n'est pas que ce qu'il est.

2° Parce que la « lumière de l'intellect » étant

de l'ordre naturel n'est pas proportionnée à un objet absolument surnaturel comme l'est l'essen·ce divine. L'intellect ne peut donc pas par cette lumière appréhender cette essence. L'agent, avons-nous dit, est toujours de même nature que la fin. Donc, *naturellement*, l'essence divine ne peut être la forme de l'intellect créé.

3° Et enfin, aucune espèce créée, soit expresse, soit impresse, aucun verbe créé, aucune idée créée ne peut représenter l'infini. L'idée chez la créature est une image intellectuelle, mais une image créée et partant nécessairement finie, elle est déterminée dans un genre et une espèce. L'essence divine elle n'est ni d'une espèce, ni d'un genre, c'est quelque chose d'in-circonscrit, c'est l'infini qui contient en soi d'une manière suréminente tout ce qui peut être enten·du par l'intellect. Saint Thomas dans la même thèse (S. T. 1ª XII, art. II, *corp. art.*) apporte encore deux preuves pour démontrer qu'aucune idée créée ne peut représenter l'essence divine. — A. On ne peut par les idées de l'ordre inférieur, connaître les essences d'un ordre plus élevé. Ainsi on ne peut par l'idée de corps

connaître l'essence d'une chose incorporelle.
A fortiori nous ne pouvons voir l'essence divine
à l'aide de n'importe quelle idée créée. — B.
L'essence de Dieu, c'est son existence elle-
même. Or, dans aucune idée créée, l'existence
ne peut être une même chose que l'essence,
sinon elle n'aurait pas été créée, mais aurait
existé de soi, nécessairement et éternellement.

Donc il est impossible à l'homme et même à
toute créature créée ou créable de voir naturellement Dieu ; donc la vision intuitive qui est
la fin commune des membres de l'Église est
absolument surnaturelle.

Il faut, en effet, pour cette vision, que ce soit
l'essence divine elle-même en tant qu'intelligible, c'est-à-dire *Dieu lui-même* qui tienne lieu
et d'espèce impresse et d'espèce expresse, puisque aucune espèce créée ne peut représenter
son essence. L'intellect, non pas à l'aide de sa
lumière propre qui est naturelle, mais à l'aide
d'une lumière surnaturelle « le *lumen gloriæ* »
qui l'élève à l'état d'agent surnaturel, appré-
hende l'essence divine et se dit un verbe qui
n'est autre que le Verbe divin.

Voilà, Messieurs, en quoi consiste la vision intuitive, la béatitude, la fin vers laquelle nous tendons. Voilà comment l'homme devient participant de la vie divine, vie d'intelligence et d'amour, car si le Fils est engendré comme Verbe, l'Esprit Saint procède comme amour. Or, dans le bienheureux, il y a aussi un amour surnaturel : son intelligence et son cœur, tout en restant créatures, sont élevés à l'état divin, ils vivent de Dieu. Voilà, Messieurs, la fin que l'Église a mission de nous faire atteindre, en travaillant à notre sanctification.

La foi est, en effet, un commencement de la vision intuitive, puisqu'elle a le même objet; mais elle en diffère à cause de son obscurité. L'espérance, c'est l'attente de ce bonheur promis. La charité, c'est le commencement de l'amour béatifique, qui en est la dernière et parfaite évolution.

J'espère que vous me pardonnez maintenant les deux conférences si abstraites que je vous ai faites, Messieurs, à cause de la lumineuse et magnifique conclusion que je viens d'en tirer.

Ouvrons maintenant le Code civil français,
livre III, tit. III, section V, de l'interprétation
des conventions. Article 1156 : « On doit dans
les conventions rechercher quelle a été la commune intention des parties contractantes plutôt
que de s'arrêter au sens littéral des termes. »

Cet article, messieurs, est dicté par le bon
sens et le droit naturel ; aussi est-il applicable
à toutes les conventions, même aux traités
internationaux et aux concordats. Or, si l'on
veut connaître exactement « la commune intention des parties », lorsque ces parties sont
deux sociétés d'ordre différent, il faut absolument connaître la fin que doit nécessairement
se proposer chacune d'elles.

La fin de la société civile ou temporelle,
vous la connaissez par vos études de droit
civil et d'économie sociale. La fin de la société ecclésiastique, je vous l'ai fait connaître dans ces deux conférences : elle est surnaturelle.

La société civile appartient à l'ordre naturel ;
l'Église à l'ordre surnaturel absolu ; nous pouvons donc maintenant nous mettre à étudier la

convention conclue entre l'Église et l'État et examiner les conséquences pratiques qui en découlent ; dès la prochaine conférence nous aborderons de front le sujet de notre cours : les concordats.

3ᵉ LEÇON

NATURE DES CONCORDATS.

Dans nos deux précédentes conférences, Messieurs, nous avons posé des principes dont la connaissance nous était absolument nécessaire. pour traiter convenablement la question des concordats. Vous voyez déjà que pour saisir avec exactitude la nature du pacte concordataire, il ne suffit pas d'être un écrivain distingué et un jurisconsulte savant ; il faut, en outre, avoir des notions théologiques bien précises sur l'Église et sur la fin qu'elle se propose. Voilà pourquoi l'on voit très souvent des écrivains prendre la défense de l'Église et, malgré la droiture de leurs intentions, tomber dans de fâcheuses erreurs. L'ignorance de la théologie et du droit public ecclésiastique en est la cause.

15

Les publicistes, et les journalistes surtout, se placent, pour la plupart, à un point de vue personnel, parlent avec trop d'assurance et oublient complètement la modestie et la réserve que l'on doit garder en traitant cette question.

Les docteurs catholiques sont loin d'avoir ce ton tranchant, qui est caractéristique chez les journalistes, serviteurs d'un parti plutôt que de la vérité. Je vous dirai tout d'abord que nos jurisconsultes ne sont pas d'accord sur la nature des concordats. Il existe en effet sur ce point une controverse que je vais exposer.

En 1871, M. de Bonald, magistrat de Rodez, publia un écrit intitulé : « Deux questions sur le Concordat de 1801. » Il y disait que le concordat n'était qu'un simple privilège, une concession faite à l'État par l'Église, et qu'en conséquence celle-ci pouvait librement l'annuler. Cette opinion fut attaquée par le chanoine Labis, professeur à Tournay, et dès lors se formèrent deux écoles au sujet de la nature du concordat.

A Rome, chose digne de remarque, les deux opinions sont également enseignées. Les Pères Jésuites du collège romain, à la suite de l'Éminent Cardinal Tarquini, soutiennent que les concordats ne sont que de simples privilèges.

Il y a, dit Tarquini, trois sortes de privilèges :

1° Les uns sont tout-à-fait gratuits ;

2° Les autres sont « onéreux, » lorsque la société qui les accorde s'oblige à les maintenir à raison de ce que lui rend la société privilégiée ;

3° Les autres sont « rémunératoires, » ils sont *seulement la récompense* de ce que rend la société privilégiée à celle dont elle reçoit le privilège.

Selon le sentiment de Tarquini le concordat est un privilège gratuit ou tout au plus rémunératoire ; et s'il est appelé « convention, » c'est en tant qu'il oblige le prince séculier et lui seul. Voici d'ailleurs comment Tarquini définit le concordat : « *Lex particularis ecclesiastica pro aliquo regno S. Pontificis auctoritate edita ad instantiam Principis ejus loci, speciali ejusdem principis obligatione confirmata, se eam perpetuo servaturum.* » (Tarquini, *jus. pub.* § 73.)

Tandis que les uns soutiennent cette opinion, dans le séminaire romain, les professeurs

enseignent une opinion toute différente et que
nous pouvons considérer comme plus officielle,
si l'on peut ainsi dire. En effet, les professeurs
du séminaire romain étant, pour la plupart, con-
sulteurs des congrégations doivent, ce nous semble, nous donner plus exactement la pensée du
Saint Siège. Le séminaire romain est d'ailleurs
sous la haute direction du cardinal vicaire
représentant du pape comme évêque de Rome.
C'est le séminaire du diocèse de Rome. Le plus
illustre représentant de l'opinion que nous
allons exposer a été le professeur de Angelis.
(*De Angelis*, lib. I, tit. IV, append., page 96) De
Camillis, auteur du cours d'institutions canoni-
ques, suivi au séminaire romain, est encore de
la même opinion. (De Camillis, tom. I, page 65,
liv. I, sect. I, cap. IV, § III, n° 8.)

D'après ces jurisconsultes, le concordat est
un contrat bilatéral, par lequel le gouvernement s'oblige, à un nouveau titre, à laisser à
l'Église le libre exercice de ses droits, tandis
que d'autre part le Saint Siège fait au gouvernement certaines concessions sur l'exercice de
ces mêmes droits. Vous savez, Messieurs, qu'on

nomme bilatéral ou synallagmatique le traité qui oblige les deux parties ; si une seule des parties était obligée, ce serait une convention unilatérale.

En 1883 le professeur Cavagnis, dont nous avons eu l'honneur d'être l'élève, a publié ses *Leçons de droit public ecclésiastique*. C'est le premier ouvrage complet de ce genre. Mgr Cavagnis suit l'opinion de son prédécesseur de Angelis, mais en apportant une distinction qui concilie, jusqu'à un certain point, les deux opinions extrêmes, que nous venons d'exposer.

On distingue, dit-il, deux sortes de contrats bilatéraux. Dans le sens strict, un contrat bilatéral implique d'abord égalité de droits entre les contractants. De plus, chaque partie s'oblige pour une chose qu'elle ne doit à aucun autre titre. Tels sont les contrats conclus entre deux états ou deux particuliers.

Dans son sens large, l'idée de contrat bilatéral n'exige pas égalité entre les contractants, et l'un d'eux peut s'obliger conventionnellement à une chose qu'il doit déjà d'ailleurs. Il suffit, pour qu'il y ait contrat, dans le sens large de ce

mot, de constater une mutuelle obligation pro-
duite ou même seulement confirmée par l'accord de plusieurs volontés.

Ceci posé, il est facile de voir que le concordat ne peut être un contrat bilatéral que dans
le sens large de ce mot. En effet, les contractants n'ont pas égalité de droits : l'Église est
d'un ordre supérieur à celui de la société civile
et ce que l'État promet à l'Église par concordat il le lui doit déjà en tant qu'inférieur à la
société religieuse et surnaturelle. Le contrat
concordataire n'approche donc que de loin d'un
contrat soumis à la justice commutative, car
l'État ne promet rien à l'Église qui puisse com-
penser les concessions qu'elle lui a faites.

Cette distinction heureuse entre les contrats
pris dans le sens strict et pris dans le sens
large permet de répondre facilement aux objections des adversaires. (Cavagnis, tom. I, page
401.)

Tel est, Messieurs, l'état actuel de la question sur la nature des pactes concordataires, et
si nous voulons l'exprimer en peu de mots nous
dirons : « *les concordats sont peut-être de simples*

privilèges, et s'ils sont des contrats, ils ne le sont que dans le sens large du mot. »

L'opinion de de Bonald, de Tarquini et des Pères Jésuites du collège romain a provoqué, dans le clan des ennemis de l'Église, bien des protestations. Si le concordat n'oblige pas le Saint Siège, quel intérêt, disent-ils, peut avoir l'État à en conclure un ? Le Souverain Pontife peut violer cette soi-disant convention ; il peut enlever ce privilège sans manquer à sa promesse ; l'État n'a donc aucun intérêt à s'engager de son côté. Si le concordat n'est pas une garantie contre les *envahissements* de l'Église, il devient inutile.

Ainsi parlent nos adversaires et on leur répond qu'en pratique, les concordats, lors même qu'ils ne seraient que de simples privilèges, offriraient des garanties certaines au pouvoir civil, attendu qu'ils seraient régis par ce principe de droit canonique applicable à tous les privilèges : « *Beneficia principis sunt permansura :* les bienfaits du prince sont permanents. »

En effet, le droit naturel et le bons sens nous

disent qu'un souverain sage et prudent ne doit
retirer une faveur, qu'il a accordée, que si la
partie privilégiée en abuse ou si les circonstances étant changées cette faveur devient
nuisible. Or, lors même que le concordat serait
un véritable contrat, l'Église aurait le droit de
le dénoncer, si l'État s'en servait pour nuire à
l'Église. Donc, en pratique, les deux opinions
ont la même conséquence et ce n'est qu'au point
de vue théorique que la controverse existe.

Vous me demanderez maintenant, Messieurs,
qu'elle est notre opinion. Permettez-nous avant
de l'exposer de vous dire comment nous avons
été amené à l'embrasser. Lorsqu'au grand séminaire de Fréjus nous étudiâmes le *Traité de
l'Église*, le père Guillon, oblat de Marie, notre
professeur, nous dit un mot du sentiment
selon lequel le concordat ne serait qu'un privilège. Les tendances du professeur étaient très
ultramontaines, les nôtres l'étaient aussi ; c'est
pourquoi nous embrassâmes avec ardeur cette
opinion et nous la suivîmes jusqu'à notre
seconde année de notre séjour à Rome. Il nous
souvient même d'une longue conversation que

nous eûmes en revenant de Frascati, l'ancien
Tusculum, avec le père Lemmius, docteur en
droit canonique du collège romain et aujour-
d'hui professeur au scolasticat des Oblats de
Marie-Immaculée. Le père Lemmius était alors
élève des Pères Jésuites du collège romain, et
chose rare à Rome, nous l'élève du séminaire
romain, nous délaissions l'enseignement de nos
maîtres sur ce point et nous suivions celui des
Jésuites.

Il faut dire que l'opinion qui considère le
concordat comme étant un véritable contrat,
nous paraissait suspecte de libéralisme, attendu
que le professeur de Angelis, son représentant
le plus célèbre, nous avait été désigné comme
ayant eu des idées libérales. Lorsque je parle,
Messieurs, de libéralisme et d'idées libérales,
je n'entends pas parler de cette erreur si souvent condamnée par le Saint Siège, mais de ce
libéralisme permis sur des points controversés
et dont on a essayé parfois d'accuser notre
Léon XIII, glorieusement régnant.

Donc, Messieurs, mes tendances, mes préjugés, cette petite vanité que l'on éprouve de

15.

ne pas se dédire me portaient à suivre l'opinion
de Tarquini. Il a donc fallu toute la force des
preuves apportées par de Angelis pour changer de sentiment comme je l'ai fait. Après avoir
composé un travail écrit que j'ai revu attenti-
vement il y a deux ans et que je viens encore
de revoir je dis avec de Angelis, de Camillis et
Mgr Cavagnis :

« *Les concordats sont des contrats bilatéraux,*
c'est-à-dire des conventions qui imposent une mu-
tuelle obligation aux contractants. »

C'est d'ailleurs l'opinion professée par M.
l'abbé Bonal, auteur dont on suit le cours de
droit canonique au grand séminaire d'Aix.
(Bonal, *droit canon.*, tome I, p. 97.)

Les preuves de l'assertion que nous venons
d'avancer sont surtout tirées de la teneur même
des concordats et des documents pontificaux qui
s'y rapportent.

1° En 1516 Léon X conclut un concordat avec
François I\ier, roi de France, et s'exprime ainsi :
« Nous *déclarons nul* et non *avenu* tout ce qui
sera fait *sciemment* ou par ignorance contrairement aux présentes dispositions par n'importe

quelle autorité même *par la nôtre* ou celle de nos successeurs. » (Texte latin dans de Angelis, page 99.)

2° Le concordat de 1753 entre Benoît XIV et Ferdinand II d'Espagne est conçu en ces termes : « Sa Sainteté, en foi de Souverain Pontife, et Sa Majesté, en parole de roi catholique, *promettent mutuellement* pour eux-mêmes et au nom de leurs successeurs la *fermeté inaltérable* et le perpétuel maintien de tous et de chacun des articles précédents, voulant et déclarant que ni le Saint Siège, ni les rois catholiques n'aient respectivement à prétendre plus que ce qui se trouve compris et exprimé dans les chapitres cités et qu'ils aient à tenir pour *nul,* d'aucune valeur et d'*aucun effet,* tout ce qui se fera dans la suite des temps contre tous et chacun des mêmes articles. » (Texte italien dans de Angelis, page 100.)

3° Dans le concordat de Pie VII avec Maximilien de Bavière nous lisons : « Chaque *partie* contractante promet pour elle et ses successeurs devoir religieusement observer tout ce

qui a été convenu dans les articles précédents. »
(texte latin dans de Angelis, page 100.)

Voici maintenant, Messieurs, un autre genre
de témoignages :

1° Par la constitution : *Ecclesia Christi*, Pie VII
confirme le concordat conclu avec Napoléon et
il ajoute : « Nous promettons et garantissons
tant en notre nom qu'en celui de nos successeurs d'accomplir et d'observer tout ce qui est
contenu dans les précédents articles et a été
promis sincèrement et inviolablement de notre
part et de la part de ce siège. »

(Texte latin dans de Angelis, page 101.)

2° Jules III parlant des concordants conclus
avec l'Allemagne (1560-1555) s'exprime ainsi :
« Considérant que les concordats susdits ont
force de pacte entre les parties et que ce qui est
établi par un pacte n'a pas coutume d'être
abrogé et ne doit pas l'être sans le consentement des parties... nous avons décidé. »

(Texte latin, Cavagnis, page 401.)

3° En un mot chaque fois que le Saint Siège
a conclu un concordat, chaque fois qu'il l'a con-
firmé par des bulles, chaque fois qu'il a fait des

réclamations aux gouvernements, il a en même temps affirmé l'obligation réciproque des parties

Tel est le sens des lettres adressées au gouvernement de Piémont par le Cardinal Antonelli, le 26 juin 1850 et le 19 juillet de la même année ; tel est le sens de l'allocution consistoriale que prononça Pie IX le 1er novembre suivant. Le gouvernement de Piémont avait fait incarcérer l'archevêque de Turin et le Cardinal Antonelli secrétaire d'Etat du Saint Siège, protestait dans sa lettre du 19 juillet en disant : « Le Cardinal soussigné doit aussi en appeler aux concordats solennellement stipulés sur cet objet entre le Saint Siège et le gouvernement de Sa Majesté Sarde, qui ne peuvent enfreindre ces traités solennels, dans lesquels, tandis que quelques points de la discipline ont été modifiés, on a établi des règles relatives à l'exercice de certains droits et à l'observance desquels les deux pouvoirs souverains, le pouvoir ecclésiastique et le pouvoir civil, dans le territoire de sa Majesté le roi de Sardaigne, se sont obligés, chacun pour la partie qui le regarde. Dans les dits traités, la nature de l'objet qui appartient toujours à la discipline ecclésiastique n'est aucunement changée, mais l'on fait seulement des modifications sur quelques points de cette discipline, et les dispositions qui y sont contenues acquièrent par la stipulation intervenue une force spéciale de réciprocité et 'ont droit à une plus stricte observance de la part des contractants; de ce chef, ces mêmes traités, bien qu'ils ne cessent pas d'avoir pour objet la discipline ecclésiastique, prennent cependant *le caractère de traités internationaux.* »

Je crois qu'il est difficile de trouver des affirmations plus explicites et je pense, Messieurs, que vous vous rangez comme moi, pour l'opinion de de Angelis. Les concordats sont donc des contrats bilatéraux, imposant une obligation réciproque aux parties.

4ᵉ LEÇON

NATURE DES CONCORDATS (suite).

Son Éminence le cardinal Jacobini, secrétaire d'État de Léon XIII, adressa le 15 avril 1885 au Nonce de Madrid une dépêche officielle de la plus haute importance au point de vue canonique et dogmatique relativement à la question qui nous occupe.

Un évêque espagnol avait attaqué dans une lettre pastorale le gouvernement de son pays; celui-ci porta ses plaintes à Rome et le Saint Siège donna un blâme à l'évêque et déclara de nulle valeur la lettre épiscopale. A cette occasion dans son numéro du 9 mars le journal (encore les journalistes, Messieurs!) El Siglo Futuro provoqua la réponse du secrétaire d'État de SS. Léon XIII ; cette réponse se trouve à la

première page du n° 18 du *Moniteur de Rome*,
1885.

Elle donne une force singulière à la preuve
que nous avons apportée pour soutenir que les
concordats sont de véritables contrats bilatéraux
quoique dans un sens large : elle établit en effet
qu'il ne faut pas donner aux termes des pactes
concordataires une valeur purement diplomati-
que, mais aussi doctrinale. En effet, comme le
dit le cardinal Jacobini, les actes de la diploma-
tie pontificale ne peuvent pas être en désaccord
avec ce qui constitue les relations essentielles
de l'Église et de l'État. *Les concordats ont la
teneur de vrais contrats diplomatiques ; donc ils
sont non-seulement diplomatiquement, mais doctri-
nalement de vrais contrats.*

Cette conclusion tirée d'un document si nouveau (il date de 1885) est, nous paraît-il, le dernier coup porté à l'opinion de Tarquini. En effet
écoutez quelle est la principale preuve de cette
opinion : « Il faut interpréter les paroles de la
cour romaine d'après les principes immuables
de la théologie ; or, d'après ces principes, le
Souverain Pontife ne peut aliéner les droits

sacrés de l'Église par un contrat bilatéral. Ce
qui est sacré ne peut être l'objet d'un contrat :
ce serait de la simonie d'estimer les droits de
l'Église, selon la valeur du secours temporel
promis par la Société civile. » (Tarquini 74, ad
2um et 3um.)

Pour vous faire bien comprendre, Messieurs,
cette preuve de Tarquini ou plutôt cette première
objection contre la thèse que nous avons soutenue il y a huit jours, je dois vous expliquer ce
que c'est que le péché de simonie. Aux premiers
temps de l'Église, le magicien Simon voyant les
merveilles opérées par les apôtres, surtout le
miracle de se faire entendre simultanément en
plusieurs langues, Simon, dis-je, voyant cela,
voulut acheter à saint Pierre le don des miracles et la grâce du Saint-Esprit. C'était inju-
rieux pour Dieu d'apprécier ses dons surnaturels au prix de l'argent ; c'était une impiété
qui a pris le nom de son inventeur ; telle est la
simonie (1).

1. Voir Gousset : *Morale: décalogue* 1re part. chap. IV,
art. IV.

Vous savez maintenant, Messieurs, ce que
c'est que la simonie et vous pouvez comprendre
l'objection de Tarquini contre l'opinion de de
Angelis.

Nous répondrons à cette objection que lorsque les termes d'une loi ou d'un contrat sont
clairs, il n'est pas nécessaire de tant de détours
pour les interpréter. Or, les textes que nous
avons apportés l'autre jour comme preuves sont
si formels que ce serait faire injure au Saint
Siège de dire qu'il n'a pas voulu s'obliger. Il y
aurait, en effet, une trop grande contradiction
entre les formules employées et les intentions
des Souverains Pontifes. Pourquoi d'ailleurs le
sens des concordats n'a-t-il pas été précisé par
les documents subséquents, dans le sens de
nos adversaires, plutôt que dans le nôtre.

Quant à ce caractère simoniaque que l'on
croit trouver dans le concordat, s'il est autre
chose qu'un privilège, nous le nions. Le Saint
Siège en effet n'entend pas apprécier à la valeur
du secours temporel, promis par le pouvoir
civil, les droits sacrés dont il cède en partie
l'exercice à ce même pouvoir. L'objet unique du

concordat est sacré : ce secours temporel constitue lui-même l'objet d'un droit sacré ; car, de
droit divin, l'Église doit être secondée et
défendue par les pouvoirs séculiers. Quand donc
le prince signe un concordat, *il s'oblige seulement
à un nouveau titre* il promet à l'Église l'exercice
d'un droit inviolable et sacré. Or, comme il n'y
à pas simonie à sacrifier l'exercice de certains
droits pour obtenir l'exercice d'autres droits
plus importants, comme il n'y a pas simonie à
comparer les droits de l'Église entre eux, le
pacte concordataire est exempt de tout caractère simoniaque.

Vous le voyez, Messieurs, nous nous appuyons
pour répondre à l'objection sur la distinction du
professeur Cavagnis, d'après laquelle le concordat n'est contrat que dans le sens large,
puisqu'il n'y a pas égalité entre les contractants
et que la protection de l'État est déjà due par
ailleurs.

Je dis donc que le prince, s'oblige « *à un nouveau titre* » parce que j'ai surtout en vue le gouvernement d'une nation catholique ; mais
notre doctrine peut aussi s'appliquer aux gou-

vernements infidèles qui doivent à l'Église au
moins cette liberté et même cette protection
que mérite une société enseignante dont la
doctrine repose sur des preuves au moins dignes de considération. Jésus Christ a dit :
« Allez, enseignez toutes les nations ; » l'Église
a donc le droit de franchir les frontières et les
gouvernements ont le devoir de la laisser
passer, sur la garantie d'un passe-port, qui est
signé du sang même d'un Dieu.

CINQUIÈME LEÇON

NATURE DES CONCORDATS (*suite*).

Il y a encore plusieurs objections contre l'o-
pinion de de Angelis.

1° La société civile est subordonnée à l'É-
glise. Or, entre deux sociétés subordonnées, il
ne peut y avoir obligation réciproque, lorsque
la société supérieure fait une concession à la
société inférieure. L'obligation n'existe donc
que pour cette dernière.

Cette objection repose sur une confusion de
principes. L'Église, bien que supérieure à
l'État, ne cesse pas d'être soumise aux règles
de la justice éternelle, dont elle a, de droit
divin, la garde. Si donc elle veut s'obliger par
un contrat, en tant que soumise aux règles
immuables de la justice, elle doit le maintenir.

Un supérieur peut se créer une obligation vis-
à-vis de son inférieur : il peut conclure avec
lui un contrat, sinon dans le sens *strict* du
mot, mais du moins dans le *sens large.*

2° Les droits de l'Église, ajoute-t-on, sont
imprescriptibles; or, l'objet d'un contrat bilatéral doit pouvoir être prescrit.

Réponse. Le concordat, pas plus que la prescription, ne peut enlever radicalement ses
droits au Saint Siège, il peut seulement l'obliger, *l'état des choses demeurant le même,* à les
exercer de telle ou telle façon. Les droits de
Dieu sont inaliénables et cependant Dieu a pu
s'engager à donner un sauveur au monde par
une promesse qui sauvegardait cependant son
indépendance. Il faut donc distinguer le principe objecté et dire: les droits de l'Église sont
imprescriptibles *radicalement,* mais l'*exercice*
de certains droits n'est pas inaliénable, tant
que cette aliénation ne tend pas à leur destruction radicale. Le droit canonique nous offre
bien des exemples à l'appui de notre réponse.
La coutume a bien des fois transmis : les pouvoirs séculiers l'exercice de certains droits

ecclésiastiques et le Saint Siège n'a aboli ces
sortes de coutumes que lorsqu'elles ont donné
lieu à des abus. Ne fut-il pas une époque où
l'Empire exerçait certains droits dans l'élection
des Souverains Pontifes ?

3º Celui, dit-on, qui veut soutenir la valeur
des concordats comme pactes bilatéraux, est
obligé, pour être logique, d'admettre plusieurs
conséquences insoutenables. Si le concordat
oblige le Saint Siège, la primauté de celui-ci est
restreinte et amoindrie à tel point qu'il ne peut
plus exercer ses droits contre le gré du gouvernement civil. Non, le Souverain Pontife ne peut
aliéner ses droits dans le sens propre du mot
« aliéner. » S'il le pouvait, que deviendraient,
dans la suite des siècles, les droits de l'Église ?
Un pontife en céderait un, son successeur un
autre ; on les verrait tous s'anéantir peu à peu.

L'objection que nous venons d'apporter attaque notre opinion en l'exagérant. Comme nous
le verrons, en parlant de l'objet du concordat,
par ce pacte, le Saint Siège ne cède, à proprement parler, aucun de ses droits ; il cède seulement l'*exercice* de quelques-uns, ou mieux, *sus-*

pend cet exercice, pour le plus grand bien de l'É-
glise. Le Saint Siège a évidemment le droit de
suspendre l'exercice d'un de ses droits, dans le
cas où il tournerait au détriment du salut des
âmes. Quand, par exemple, le Souverain Pontife
confère au pouvoir civil le droit, ou mieux,
l'exercice du droit de choisir les évêques, il
faut entendre un tel privilège dans le sens que
voici : « Par notre autorité pontificale, nous
avons le droit de choisir et de nommer les pasteurs des diocèses ; cependant, pour le plus
grand bien des âmes et pour éviter tout conflit
entre le Saint Siège et l'État, nous nous enga-
geons à exercer par vous, comme intermédiaire,
ce droit de choisir les évêques, si vous consen-
tez à nous présenter des candidats dignes et afin
qu'ils reçoivent de nous l'institution canonique.»
Donc le Souverain Pontife n'aliène pas les droits
de l'Église et sitôt que le concordat cesse d'exister pour une raison quelconque, il en recou-
vre l'exercice ; il n'y a donc pas à craindre de
voir s'anéantir, dans la suite des temps, la primauté de Pierre et les droits du Saint Siège.

4° Mais, ajoute-t-on, les concordats deviennent une arme que les gouvernements impies tournent contre l'Église.

Soit, mais il faut remarquer que lorsque la matière d'un contrat change, lorsqu'il n'atteint plus sa fin, lorsqu'une des parties manque à ses obligations, l'autre partie est déliée de ses engagements. Dans le cas supposé, le pacte n'existe plus. Par le concordat le Saint Siège s'était engagé à laisser au gouvernement civil l'exercice de certains droits; cette concession avait été faite pour éviter toute contestation et pour le plus grand bien de l'Église. Or, voici que ce contrat devient une arme de guerre, il tourne au détriment de l'Église. N'est-il pas évident que, selon les règles du droit applicables à tout pacte bilatéral, le Saint Siège cesse d'être obligé?

5° Enfin, le souverain Pontife reçoit immédiatement son autorité de J.-C. et non de son prédécesseur. Or, en admettant ce principe, il est impossible de soutenir qu'un Pape puisse lier son successeur par un contrat.

La réponse à cette objection est facile. Le Pape ne meurt jamais; c'est toujours Pierre qui gouverne l'Église; mai il la gouverne selon les exigences d. emps et les circonstances. Or l'existence d'un concordat est une de ces circonstances Léon XIII, par exemple, a reçu immédiatement de J.-C. le pouvoir pontifical souverain, mais il doit l'exercer selon les circonstances temporelles dans lesquelles l'Église se trouve. C'est ainsi que Léon XIII est obligé d'observer un concordat conclu par Pie VII.

6° Voyant que la thèse de de Angelis est surtout appuyée sur des preuves d'autorité, les disciples de Tarquini ont cherché de trouver quelqu'acte pontifical en faveur de leur opinion. Les concordats, disent-ils, ne sont que de simples privilèges. Par une lettre du 19 juin 1871, le pape Pie IX a approuvé M. de Bonald qui dans son ouvrage « *deux questions*, etc. » soutient ce sentiment. Le Pontife dit en effet que l'écrit, dont il s'agit, met au jour le *caractère spécial des concordats* et démontre que par eux l'Église n'acquiert rien qui ne lui soit déjà dû, mais qu'au contraire elle cède une partie de ses droits.

Cette preuve ne vaut pas mieux que les autres;

en effet, si l'on considère la nature, l'objet et les termes de la lettre pontificale, on est obligé de convenir qu'elle a peu de valeur probante. Afin que nos adversaires ne nous accusent pas de vouloir amoindrir l'autorité du Saint Siège, nous allons traduire encore ici un passage de l'ouvrage de Mgr Cavagnis, professeur de droit public au séminaire romain et consulteur de la Congrégation du Concile. « Cette lettre, dit-il, est une lettre de félicitations, mais elle *n'approuve* pas la doctrine et ne peut *en rien* être comparée aux documents solennels que nous avons apportés, (les textes des concordats.) Ce défaut de valeur pour cette lettre ne vient pas du défaut de puissance en celui qui l'a signée, *mais de sa volonté*. En effet, le souverain Pontife peut exercer sa puissance ou dans *toute son intensité* ou *à un moindre degré*, comme le font les prélats inférieurs; nous n'exigeons pas une définition « *ex cathedra*, » mais pour qu'un acte soit apporté comme argument décisif il faut qu'il ait *les caractères suffisants* pour *donner la certitude théologique*. »

« Or, le souverain Pontife n'entend pas *confir-*

mer comme vraies, les doctrines contenues dans *les livres qu'il loue*, surtout lorsque les questions sont discutées dans les *écoles catholiques ;* aussi des déclarations authentiques ont été quelquefois nécessaires *contre ceux qui s'appuyaient trop sur ces lettres*. Le Saint Siège, quoiqu'il puisse se servir de n'importe quelle forme en proposant sa doctrine, a coutume cependant pour cette proposition de se servir de bulles, d'encycliques et d'autres importants documents adressés aux Évêques, ou des décrets des sacrées congrégations romaines. » (Cavagnis, *Inst. j. p. eccl.*, tome I, rage 405. n° 619.)

D'ailleurs est-ce bien de son opinion sur les concordats que Pie IX félicitait l'écrivain ? M. de Bonald traite deux questions: 1° le concordat de 1801 oblige-t-il le gouvernement de la défense nationale de 1870 ? 2° les violations faites par ce gouvernement au concordat, sont-elles pour le Pape une raison suffisante de le dénoncer ? L'auteur répond affirmativement et Pie IX le félicite d'avoir saisi *le caractère spécial* des concordats relativement à ces deux questions, mais le souverain Pontife ne refuse nulle part au

concordat la valeur d'un pacte bilatéral. Au
contraire, le secrétaire du Pape qui a écrit la lettre dont nous parlons a dit en propres termes :
« les concordats ont la forme des conventions,
qui étant bilatérales, obligent les deux parties. »

Pour achever de donner la notion exacte du
concordat, il nous faut en dire l'*objet et la fin*.

Tarquini distingue deux sortes de droits de
l'Église : les uns inaliénables, parce qu'ils sont
intimement liés à des devoirs ; les autres aliéna-
bles.

D'autres considèrent tous les droits de
l'Église comme liés à des devoirs et par conséquent inaliénables. Ainsi c'est un devoir pour
le Saint Siège de donner aux diocèses de dignes
pasteurs, et par conséquent il ne peut aliéner
ce droit. Mais d'autre part le Saint Siège peut
exercer son droit de telle ou telle manière selon
qu'il le juge convenable pour le bien de l'Église.
Si donc il trouve expédient de laisser cet exercice au pouvoir civil et de s'obliger à cela par
un concordat, il peut le faire. Ainsi les droits
de l'Église constituent l'objet matériel du Concordat ; mais comme ils sont inaliénables, ils

16.

ne peuvent devenir objet de ce pacte que relativement à leur exercice.

« *L'objet formel du Concordat consiste donc dans
l'exercice des droits de l'Église.* » (De Camillis.
Inst. Jur. Can. tome I, page 62 et 63.)

Et, en effet, chaque contractant a en vue
l'exercice des droits ecclésiastiques : le pouvoir
séculier promet à l'Église au moins la liberté ;
d'autre part le Saint Siège promet au pouvoir
séculier de lui laisser l'exercice de certains
droits ecclésiastiques. Il suit de là que le souverain temporel ne s'engage à rien de plus
envers l'Église, qu'il ne lui doive déjà de droit
naturel ou de droit divin.

Lors même que, par concordat, le pouvoir
séculier promet à l'Église une allocation pécu-
niaire, il ne s'engage à faire que ce qu'il doit
déjà à un autre titre. Cette allocation est peut-
être une compensation des biens ravis à l'Église
dans les temps de persécution; elle remplace
quelquefois les impôts, les dîmes que l'Église
aurait le droit de lever pour l'entretien du
clergé et du culte. Sans doute, le pouvoir civil
peut enrichir l'Église par des dotations et des

dons gratuits, mais ces offrandes, en tant que gratuites, ne sont pas établies par un concordat. (Cavagnis, I, page 396.)

« *La fin des Concordats est d'éviter toute contestation sur les limites du pouvoir ecclésiastique et du pouvoir civil.* »

Il est certain que l'autorité séculière a des droits distincts de ceux de l'Église; il est certain encore que les intérêts de l'État se trouvent quelquefois en opposition avec ceux de l'Église; il est certain que, dans ce cas, les intérêts spirituels doivent prévaloir sur les intérêts temporels.

Ces principes auraient dans la pratique leur pleine application, si les gouvernements et les peuples étaient parfaits; or il n'en est pas ainsi, car les autorités civiles tendent souvent à outrepasser leurs pouvoirs, et l'on parle aussi souvent, quoique à tort, des *envahissements de l'Église.* De là surgissent de graves complications. Voilà pourquoi le Saint Siège préfère céder au pouvoir civil l'exercice de quelques droits, afin de tracer nettement les rapports de l'Église et de l'État et de maintenir la paix religieuse. (De Camillis, I, 64 et 65.)

Ici nous sera-t-il permis d'exposer une opinion, qui nous est un peu personnelle (1) et dont pour cette raison nous vous laissons juges.

Tous les auteurs qui ont traité les questions de droit public nous paraissent signaler dans l'histoire avec quelque exagération des périodes durant lesquelles un accord parfait aurait existé entre les deux pouvoirs, parce que l'un reconnaissait toute la suprématie de l'autre.

Nous leur répondrons que ces périodes ont été courtes et que la paix n'a jamais été universelle et absolue. Cela ne doit pas nous surprendre puisque l'Église est ici-bas militante. Cet accord qui a existé quelque temps entre l'Église et l'Empire s'est surtout maintenu à l'aide de concessions bien plus importantes que celles qui forment aujourd'hui l'objet des concordats. On a vu les papes permettre aux souverains temporels l'exercice du droit de convocation

---

(1) Nous insistons sur ces mots, afin qu'on ne donne pas une trop grande portée doctrinale à l'opinion qui va être exposée.

aux conciles généraux ; on a vu l'assentiment
des empereurs requis pour l'élection des
papes, etc.

Sans doute les concordats n'existaient pas
encore, comme contrats bilatéraux produisant
une obligation réciproque ; mais ils existaient
dans quelques-uns de leurs effets, car le pouvoir civil jouissait de certains privilèges, en
tant qu'il laissait à l'Église l'exercice de ses
droits. Lorsque l'Église retirait ces privilèges à
cause d'un abus, le pouvoir civil devenait hostile.

Cette remarque nous permettra de tirer quelques conclusions en faveur des pactes concordataires ; mais nous pouvons déjà tirer celle-ci :

« *Le concordat pour être parfait doit enlever tout
sujet de contestation entre les deux puissances.* »

Il faut donc distinguer deux sortes de concordats :

1° Les concordats parfaits et définitifs ;

2° Les concordats imparfaits et provisoires,
qui n'excluent pas tout sujet de contestation. Ces
contrats ne sont acceptés et signés par le Saint
Siège que faute de mieux et réclament *une révi-*

sion au premier moment opportun. Tel fut et tel est, à notre avis, le Concordat de 1801. (1)

Ceux qui considèrent le régime du concordat comme un « pis aller » ont le tort de confondre le concordat imparfait et provisoire avec le concordat parfait. Ce dernier, en effet, atteignant parfaitement sa fin, est une garantie de paix entre le Sacerdoce et l'Empire.

« *Les personnes contractantes sont le Saint Siège d'une part en tant que souveraineté spirituelle, et le gouvernement civil d'autre part.* »

Quelques politiques ont prétendu que les concordats ne peuvent plus exister, puisque le Saint Siège a perdu le pouvoir temporel. Mais la conduite de tous les gouvernements a donné un démenti formel à cette opinion erronée. Ceux-ci en effet contractent avec le Saint Siège en tant qu'il est chef spirituel ; car les droits dont l'exercice est réglé par le concordat sont spirituels. Or, le Saint Siège ne cesse jamais d'être puissance spirituelle, lors même qu'on lui ravit son domaine temporel.

1. Nous rappelons au lecteur qu'il s'agit encore ici d'une simple opinion personnelle.

On peut examiner maintenant si les évêques peuvent conclure des concordats avec le pouvoir séculier. Nous répondrons que non, car leur autorité est soumise à celle du Saint Siége, qui la détermine et la modère. Or, il est évident que les évêques ne peuvent aliéner par un contrat l'exercice des droits qu'ils n'exercent eux-mêmes que sous la dépendance d'une autorité supérieure. L'inférieur en effet ne peut lier son supérieur sans une commission spéciale.

On peut, en vérité, objecter le concordat de 1288 entre les évêques d'Espagne et le roi Denys ; mais il faut observer qu'on donne à tort le nom de concordat à l'acte de 1288 et que le pape Nicolas IV intervint à cette occasion. L'acte de 1288 fut plutôt une sentence pontificale par laquelle Nicolas IV, après avoir entendu les évêques et les procureurs du roi, décida de plein pouvoir les priviléges qu'il convenait ou non de laisser au roi Denys. (Cavagnis I, 392.)

6ᵉ LEÇON

EXCELLENCE DES CONCORDATS.

Nous pouvons à cette heure donner la conclusion de nos conférences sur la *nature du Concordat*. Le concordat est un contrat bilatéral dans le sens large de ce mot, conclu entre le pouvoir spirituel souverain et le pouvoir séculier relativement à l'exercice des droits de l'Église, afin d'éviter toute contestation. Je me propose maintenant, Messieurs, de vous montrer les avantages du régime concordataire, et pour aborder cette question avec les lumières requises, faisons un peu d'histoire.

Durant les trois premiers siècles du Christianisme, l'Église persécutée renonça en pratique à l'exercice d'un grand nombre de ses droits : en face de la société païenne, elle devait agir ainsi,

au moins par prudence. Cependant les Apôtres
devant les tribunaux et les martyrs au milieu
des supplices, en disant : « Il vaut mieux obéir
à Dieu qu'aux hommes, » proclamaient assez
haut la suprématie de l'Église sur l'État.

Lorsque Constantin se déclara pour le christianisme, il se fit une gloire de devenir défenseur de l'Église et de mériter le titre « d'évêque
du dehors. » Constantin reconnut la suprématie
de l'Église, et pour récompenser cette bienveil-
lance, le Saint Siège ne refusa pas à l'empereur
une certaine ingérence dans les affaires de
l'Église, l'exercice de certains droits ecclésiastiques. Il s'établit donc entre le Saint-Siège et
le pouvoir séculier une amitié pleine de bon
vouloir d'un côté et d'indulgence de l'autre. Le
bon vouloir et l'indulgence devinrent donc les
garanties de paix entre les deux autorités.

Mais, comme nous le disions l'autre jour,
cette paix ne fut pas inaltérable; à toutes les
époques de l'histoire nous la trouvons rompue
sur un point quelconque de l'univers catholique.

Les successeurs de Constantin ne lui ressem-

17

blèrent pas tous : souvent ils devinrent les
défenseurs du schisme et de l'hérésie ; sans
doute ils ne niaient pas, comme on le fait
aujourd'hui « *la priorité du droit divin*, » mais
ils prétendaient souvent en être les interprètes,
tandis que c'est le Saint Siège seul qui en a le
suprême magistère. A 's le « bon vouloir » du
prince séculier était re. lacé par une « ambition hypocrite » et les « c. ·essions *indulgentes* »
de l'Église étaient revendiquées comme « *des
droits de l'Empire* ».

Il nous serait trop long de citer dans leurs
détails les faits qui confirment notre thèse ;
mais signalons au moins ces concisiabules, ces
conciles d'hérétiques réunis parfois sous la protection des empereurs. Ils abusaient ainsi du
privilège, que leur avait quelquefois accordé le
Saint Siège, de convoquer les conciles.

Tel fut le caractère des rapports entre l'Église
et l'État, en Orient, jusqu'au schisme de Pho-
tius ; en Occident, jusqu'aux invasions des barbares.

Charlemagne fit renaître en Occident les
beaux jours du règne de Constantin et les royau-

mes qui se formèrent des débris de son empire eurent avec l'Église des relations pacifiques, dont l'harmonie fut toutefois assez souvent troublée par les abus que firent les pouvoirs civils des privilèges accordés par l'Église.

C'est surtout à partir du x⁰ et du xi• siècles que nous voyons ces abus croître et se multiplier. Nous n'avons qu'à rappeler les luttes de Grégoire VII contre les empereurs d'Allemagne au sujet des investitures. Ce fut le concordat de Vorms, conclu entre Callixte II et l'empereur Henri V en 1122, qui mit fin à cette division. Ce concordat est le premier acte digne de ce nom que nous rencontrons dans l'histoire de l'Église. L'expérience avait appris qu'il était au moins utile de ne plus exposer à l'arbitraire des pouvoirs séculiers les bienveillantes concessions de l'Église. Le Saint Siège s'engagea à les maintenir et l'État à ne pas en abuser. Aux garanties de l'indulgence et du bon vouloir, on ajouta celles, mieux définies, d'un pacte bilatéral.

Les évènements montrèrent bientôt la nécessité d'user de cette garantie pour sauvegarder

les droits de l'Église contre les prétentions de
plus en plus hardies du pouvoir séculier.

Le schisme d'Occident ébranle un moment
le prestige de l'autorité pontificale, le vent de
l'hérésie souffle bientôt de tous côtés et enfin le
protestantisme répand dans les peuples un
esprit d'indépendance vis-à-vis de l'Église, qui
après s'être montré dans le jansénisme et le
gallicanisme, trouble finalement toute la société
européenne par les doctrines libérales de 1789.

C'est alors que l'on nie la suprématie de tout
droit social antérieur, qu'il soit promulgué par
la nature ou par la révélation ; c'est alors, qu'en
vertu du même principe, on réclame la séparation de la Religion et de l'État. Pour suppléer
au bon vouloir, l'Église est obligée d'obtenir et
de conserver la paix à l'aide d'un concordat.

Ce coup d'œil général doit nous faire comprendre pourquoi depuis 1122 nous voyons le
système concordataire devenir peu à peu en
usage.

L'Église a toujours fait au pouvoir séculier
des concessions, afin d'avoir la paix ; elle lui a
accordé par privilège l'exercice de certains

droits ecclésiastiques ; mais ce n'est qu'avec le temps qu'elle a vu l'utilité, puis la nécessité de donner aux bons rapports la garantie d'un contrat obligeant les deux parties. Aussi pouvons-nous conclure :

« *Les concordats remontent quant à leur matière et à leur fin aux premiers temps de l'Église ; quant à leur forme, ils remontent à l'année 1122.* »

Depuis cette époque nous comptons une cinquantaine de concordats conclus par le Saint-Siège avec des états, soit catholiques, soit même schismatiques ou protestants. Voici les principaux pactes concordataires de notre siècle :

1° Concordat avec le Portugal en 1857;

2° Avec la Sardaigne en 1841 ;

3° Avec l'Espagne en 1859;

4° Avec le royaume des deux Siciles en 1834;

5° Avec la France en 1801, puis en 1817;

6° Avec la République italienne en 1803 ;

7° Avec la Belgique en 1827;

8° Avec la Russie et la Pologne en 1847;

9° Avec l'Autriche en 1855;

10° Avec la République de l'Equateur en 1862, etc., etc.

Puisque les concordats sont en nombre si
considérable, pour juger de la nature et de la
valeur de ces actes pontificaux, il ne faut pas
s'en rapporter uniquement à l'un d'eux; mais
il est nécessaire de les comparer entre eux,
pour s'élever ainsi par induction à des principes généraux, que l'on applique ensuite à tel
concordat en particulier, sur lequel on veut porter une appréciation. Voilà pourquoi dans tout
ce que nous avons dit sur cette matière, nous
avons pris un soin marqué de nous placer toujours à un point de vue très général.

De tout ce que nous venons de dire nous
pouvons tirer cette conclusion :

« *Le régime concordataire n'est pas un mode de
relations extraordinaire et anormal entre l'Église
et l'État.* »

Tarquini (*Inst. j. p.*, page 71, § 67), semble ne
pas accepter cette assertion; c'est qu'il entend
parler d'un concordat provisoire et imparfait;
il raisonne en dehors de l'hypothèse d'un concordat parfait, qui tout en étant une garantie
de paix pour l'Église et en lui laissant l'exercice de presque tous ses droits directs et indi-

rects, assurerait au prince quelques bienveillants privilèges.

Dans cette hypothèse le pacte concordataire a ses racines, nous l'avons vu, dans les âges même où existait l'accord entre l'Église et l'État, et loin d'être un acte de séparation, il devient un contrat scellant davantage l'union bien ordonnée des deux pouvoirs. Or je ne vois là rien d'anormal. Ajoutons cependant cette assertion, pour être précis :

« *Les Concordats ne sont pas absolument nécessaires.* »

En effet, ou le gouvernement civil accepte en plein la suprématie de l'Église, ou il se révolte complètement, ou bien encore il n'accepte cette supériorité que dans une certaine mesure.

Il est évident que dans le dernier cas le concordat n'est pas nécessaire et que dans le second il ne peut avoir lieu ; dans le premier cas, le concordat peut être suppléé par de simples concessions, accordées par l'Église au prince séculier.

Je dis que le concordat n'est pas *absolument nécessaire*, cependant il pourrait le devenir en pratique, lorsque le pouvoir civil ne laisserait une certaine liberté à l'Église que sous la condition d'avoir un concordat.

« *Si les concordats ne sont pas absolument nécessaires, ils sont presque toujours utiles.* »

En effet, ils donnent de nouvelles garanties à l'Église et évitent une foule de conflits et de contestations entre les deux pouvoirs, surtout lorsque ces pactes sont parfaits.

On peut faire plusieurs objections contre cette doctrine. (De Camillis, I, 61.)

1° Dans l'hypothèse d'un accord parfait entre le Sacerdoce et l'Empire, la suprématie de l'Église est reconnue par l'État; aussi aucune contestation ne peut s'élever. Par conséquent, dans l'hypothèse d'un accord parfait, le concordat est inutile. Or, l'accord doit être l'état normal des deux pouvoirs; le désaccord doit être l'exception.

Nous remarquons d'abord qu'à cause de la malice des hommes, ce désaccord se produit souvent. D'autre part, dans l'hypothèse d'un accord parfait, un sujet de contestation peut toujours s'élever et il deviendra le principe d'un conflit. C'est donc très utile d'éliminer tout conflit par un concordat.

2° Jusqu'aux temps modernes, il n'y a pas eu de concordats. Donc les concordats ne sont pas utiles.

La conclusion de cet argument est plus large que les prémisses. Les concordats n'étaient pas usités autrefois comme aujourd'hui, parcequ'ils ne sont pas nécessaires d'une manière absolue; l'Église n'a pas toujours mis à exécution tout ce qui est utile. Qui niera l'utilité des séminaires? Cependant c'est le Concile de Trente qui en a décrété l'établissement. Combien y a-t-il encore aujourd'hui de mesures utiles qui n'ont pas été mises à exécution !

Nos adversaires objectent avec instance que les simples privilèges suffisent et que, par conséquent, hors les cas extraordinaires, les concordats sont inutiles.

Nous répondrons que les simples privilèges n'enlèvent pas tout sujet de contestation ; lorsque la société civile est hostile, elle les considère comme révocables au gré de celui qui les accorde. Les limites des deux pouvoirs dans

17.

leur exercice sont clairement et définitivement
déterminées et connues, lorsque les deux pouvoirs se mettent d'accord sur les mêmes points.
Or, ce but est admirablement atteint par les
conventions ou contrats bilatéraux.

Dans le cas même où les parties deviennent
ennemies, une convention, qui implique obligation mutuelle, proclame avec évidence les
droits de l'une et les torts de l'autre. Un état
favorable à l'Église, par un concordat, ne fait
que reconnaître la suprématie de celle-ci ; un
gouvernement qui méconnaît l'autorité spirituelle, en tant qu'établie par Dieu, lui laisse au
moins quelques libertés, s'il les a reconnues par
un contrat obligeant de droit naturel.

Le concordat est donc utile.

« *Le concordat est excellent.* »

En effet, il est un préservatif contre les abus
de la puissance séculière ; le Saint Siège montre bien par sa conduite qu'il en reconnaît les
avantages. Nous parlons ici d'une excellence
non pas théorique, mais pratique.

7ᵉ LEÇON

EFFETS DU CONCORDAT. SON ABROGATION.

« Le régime concordataire est excellent. »
Telle est la thèse que nous avons soutenue l'autre jour et contre laquelle on soulève plusieurs difficultés.

1° Un concordat peut devenir une arme dans les mains de l'État, pour persécuter l'Église.

Nous répondrons que dans ce cas le pouvoir civil empiète plus ou moins sur les droits de l'Église et le concordat cesse d'exister. Lorsqu'un traité de paix devient une arme dans la main d'une des parties, l'injustice paraît avec plus d'éclat et personne n'osera blâmer le Saint Siège d'enlever les privilèges accordés sous certaines conditions. Le concordat détermine les limites des deux pouvoirs relativement à leur exercice;

il est donc facile en examinant cet acte de juger
tout de suite de quel côté se trouve l'abus. En
un mot le concordat ne devient nuisible à l'É-
glise que lorsqu'en fait il cesse d'exister ; donc
lorsqu'il existe, il est excellent.

2° Le Concordat empêche quelquefois l'Église
de progresser. Par exemple, il peut stipuler
que certains ordres religieux ne pourront s'établir dans tel pays.

Répondons par une distinction : ou le gouvernement est hostile à l'Église ou il lui est favorable. Dans le premier cas, l'Église progresserait
encore moins, s'il n'y avait pas de concordat ;
ce pacte est un frein qui maîtrise plus ou moins
le mauvais vouloir de l'État. Dans le deuxième
cas, il sera facile au Saint Siége de modifier le
concordat en temps opportun et avec le consentement du pouvoir séculier. Dès lors que le gouvernement est favorable à l'Église, il la laissera
progresser, en cédant de lui-même ce que l'É-
glise lui avait accordé par pacte concordataire.
Les exemples à l'appui de cette théorie ne font
pas défaut.

3° Le concordat établit une obligation pour

le Saint Siège. Or, une obligation est un « pis aller. »

Oui, s'il s'agit d'un concordat imparfait ; mais non, si le concordat est parfait. Ce n'est pas un un « pis aller » que d'employer un moyen très efficace pour maintenir les bons rapports entre l'Église et l'État. Nous ne voulons pas dire que l'on ne puisse absolument pas trouver un moyen préférable, mais nous nous contentons de constater que le concordat est apte à atteindre sa fin et qu'ainsi il est un bon moyen, qu'il a une excellence *relative*.

4° Le concordat semble mettre l'Église sur le pied d'une société dépendante de l'autorité civile.

Nullement, car les termes de ces sortes de contrats expriment toujours le respect envers le Saint Siège et proclament ses droits suprêmes. Sans doute, le prince civil peut être hérétique ou schismatique ; mais par le concordat, il se reconnait dépendant du Saint Siège, en ce qui regarde ses sujets catholiques, et cela suffit. Le concordat est donc une reconnaissance plus ou moins absolue de l'autorité pontificale.

Avant de parler des effets des concordats, il nous reste une question à résoudre.

Les concordats seront-ils désormais employés pour régler les rapports de l'Église avec les gouvernements? Nous croyons que oui.

Notre opinion est que les pays où le régime concordataire n'est pas encore établi, seront un jour ou l'autre, par la force des choses, obligés de s'y soumettre, qu'ainsi l'Église aura un jour des concordats avec tous les gouvernements, et que les concordats subséquents seront *de plus en plus parfaits*, car on profitera pour les rédiger de l'expérience acquise; l'on arrivera ainsi à la paix religieuse. C'est donc dans le système concordataire que nous devons trouver la solution de la plus grande question sociale et non pas dans cette devise chimérique : « l'Église libre dans l'État libre. » (1)

Cette formule renferme une contradiction; en effet, si l'Église est libre, l'État doit respecter ses droits et s'il respecte les droits de l'É-

1. Le lecteur remarquera encore ici que nous exposons une opinion personnelle et que nous ne voulons aucunement décider ce que doit faire l'Église.

glise, il en est dépendant, puisqu'elle a droit
d'être servie et défendue par lui ; si l'État est
libre, il doit pouvoir déterminer les droits de
l'Église et par conséquent l'Église cesse d'être
indépendante. La séparation de l'Église et de
l'État est donc une utopie, un mensonge; le
concordat au contraire empêche cette séparation ; par conséquent il est excellent en soi ; il
est toujours utile et quelquefois nécessaire.

Nous devons maintenant parler des effets du
concordat.

Nous n'avons pas besoin de dire ici que le
concordat, tant qu'il existe, impose une obligation mutuelle aux parties contractantes, et que
si le concordat est abrogé, s'il cesse d'atteindre
la fin pour laquelle il a été conclu, s'il est violé
par l'une des parties, l'obligation réciproque
n'existe plus. La condition résolutoire, dit le
Cardinal Gousset, est toujours sous-entendue
dans les contrats synallagmatiques, pour les
cas où l'une des deux parties ne satisfera point
à son engagement.

« Le concordat oblige non seulement les deux pouvoirs, mais encore leurs sujets ; il a donc en même

temps la valeur d'une loi civile et d'une loi ecclésias-
tique. »

En effet un membre de l'Eglise ne peut avoir
le droit de contredire un acte du Saint Siège,
et un citoyen celui de violer les obligations contractées par son gouvernement : en conséquence
l'arrêté d'un préfet, d'un maire, etc., portant
atteinte au concordat est nul de plein droit. Le
chef d'une société imparfaite ne peut s'exemp-
ter des obligations communes contractées par
le chef de la société parfaite à laquelle il appartient. Nous devons pour la même raison considérer comme nul, même au point de vue canonique, un acte épiscopal, opposé aux conventions concordataires.

« *Le concordat constitue une loi ecclésiastique don-*
née par le Saint Pontife à une église particulière. »

Donc les évêques comme les prêtres et les
fidèles sont obligés en conscience de se soumettre au concordat ; ils ne peuvent le violer en
aucune manière et sous aucun prétexte. Il ne
leur appartient pas de juger, si le gouvernement l'observe de son côté ; mais au besoin ils
doivent avoir recours à Rome. Lois même que

le gouvernement multiplierait les taquineries et
les vexations, dès lors que le Saint Siège
maintiendrait d'ailleurs le concordat, tout évêque qui ne s'y soumettrait pas serait dans son
tort.

L'inférieur ne peut en effet mettre obstacle
à la volonté du supérieur dont les actes ont en
vue le bien général, qui prime le bien particulier. Si un évêque de son propre chef violait le
concordat même avec quelque raison, il risque-
rait de donner au gouvernement un prétexte
pour une rupture et pourrait ainsi faire plus de
mal qu'il n'en voulait éviter. C'est au Saint
Siège qu'appartient la dénonciation des concordats. (De Camillis, I, 66 et 67.)

Puisque le concordat a la valeur d'une loi
ecclésiastique, il est évident qu'il *abroge le droit
commun et le droit particulier des églises pour lesquelles il est promulgué.*

Cependant le droit commun, les lois et les
coutumes particulières sont maintenus, quand
ils ne sont pas en contradiction avec le traité
concordataire. C'est par oubli ou ignorance de
ce principe que certaines personnes voient dans

le concordat de 1801 un acte qui met l'Église de France tout à fait en dehors du droit commun.

Le concordat produit ses effets jusqu'à son abrogation ou dénonciation.

« *Le Saint Siège seul peut abroger ou dénoncer le concordat.* »

Par abrogation ou dénonciation nous entendons parler d'une rupture légitime et non pas d'une violation injuste. L'État peut violer le concordat, mais il ne peut l'abroger. Le Saint Siège, comme nous allons le voir, est l'interprète du concordat. Donc il n'appartient qu'à lui de juger s'il existe une raison légitime de le rompre. De plus, le concordat constitue une loi ecclésiastique; or celui de ‾qui émane cette loi peut seul l'abroger.

« *Le Saint Siège est l'interprète en dernier ressort du concordat.* »

Si ce n'est pas l'Église, qui doit juger en dernier ressort sur le sens du concordat, ce doit être l'État. Mais comme l'État est d'un ordre inférieur à celui de l'Église, il ne peut lui imposer son interprétation. Donc c'est l'Église qui doit interpréter.

On pourra objecter que le concordat étant un pacte bilatéral, aucune partie ne peut l'interpréter sans le secours de l'autre.

Il faut observer pour répondre à cette objection qu'il s'agit ici d'un contrat dans le sens large du mot. L'inégalité demeure entre les parties contractantes et celle qui est inférieure continue de dépendre de l'autre. D'ailleurs quel est l'objet du concordat ? N'est-ce pas l'exercice des droits de l'Église ? Or, qui peut bien juger les droits de l'Église, si ce n'est l'Église elle-même, qui est infaillible ?

Il est aussi plusieurs objections qui tendent à attribuer à l'État le droit d'abroger le concordat.

1° Le maintien de ce pacte peut porter tort aux intérêts de l'État.

Cette objection vient de l'ignorance des principes du droit public. La fin spirituelle est supérieure à la fin temporelle. Si donc les intérêts temporels sont en conflit avec les intérêts spirituels, il est évident que ce sont ceux-ci qui doivent l'emporter. Donc, si le maintien du concordat est utile aux intérêts de l'Église, le

pouvoir civil n'a pas le droit de le rompre sous
prétexte qu'il porte tort à ses intérêts temporels ; mais il peut toujours en référer respec-
tueusement à Rome, qui jugera de tout avec
impartialité et sagesse.

2° L'abrogation du concordat peut porter
tort aux intérêts de l'État. Donc l'Église ne
peut le rompre sans le consentement de celui-ci.

C'est toujours l'ignorance des principes du
droit de l'Église. Dans le cas dont-il s'agit la
fin spirituelle doit encore l'emporter sur la fin
temporelle.

3° Le concordat est un contrat. Donc il ne
peut être rompu qu'avec le consentement des
parties.

N'oublions pas qu'il s'agit d'un contrat dans
le sens large du mot et impliquant inégalité et
relation de dépendance entre les parties. Or
un tel contrat peut être annulé pour une raison
légitime par celui des deux pouvoirs qui est
d'ordre supérieur et indépendant.

On compte *quatre cas d'abrogation* du Concordat :

1° Lorsqu'au lieu d'atteindre sa fin, il de-

vient une occasion de conflit entre l'Église et
l'État ;

2° Lorsqu'il est violé par le gouvernement ;

3° Lorsqu'à cause des circonstances, il ne
peut plus avoir son application ;

4° Lorsqu'il devient pour l'Église une cause
de préjudices notables.

Quand le Saint Siège annule un concordat, il
n'est obligé à aucune compensation vis-à-vis
de l'État. L'Église ne fait alors que rentrer
dans l' xercice de tous les droits, qu'elle avait
concédés à l'État. Par conséquent l'Église n'est
pas obligée de réparer les dommages temporels
qui proviennent de l'abrogation du concordat.

Cette abrogation peut se faire de plusieurs
manières :

1° Par dénonciation. Ce mode d'abrogation
consiste en ce que le Saint Siège fait connaitre
son intention de ne plus observer les clauses du
contrat concordataire.

2° Par une série d'actes opposés. Ce mode
d'abrogation est d'un emploi plus fréquent.
Lorsque pour des raisons légitimes le Saint
Siège se juge délié de ses obligations, il mani-

feste son jugement par des actes opposés au
concordat et qui, en nombre suffisant, sont un
signe d'abrogation. Un seul acte contraire ne
constitue pas ordinairement un signe d'abrogation, car le Saint Siège qui interprète le concordat peut juger que, dans tel ou tel cas excep-
tionnel, le contrat cesse d'obliger.

3° Par désuétude.

4° Par un nouveau concordat.

Si le concordat peut être annulé, il est aussi
quelquefois nul dès le principe. Pour être
valide, il doit avoir toutes les conditions requises pour les pactes bilatéraux. La ruse, l'erreur
substantielle, la crainte, le défaut de liberté
dans les contractants suffisent pour rendre nul
un concordat.

8e LEÇON

INTERPRÉTATION DES CONCORDATS. ERREURS.

Nous avons établi qu'en principe le Saint Siège est l'inter₁rète des concordats ; cependant quelquefois la teneur même du contrat dit : « que si quelque doute s'élève, les parties l'examineront ensemble et s'entendront pour résoudre la question. » Lors même que le concordat ne stipule rien de semblable, l'Église par prudence et pour éviter tout conflit emploie ordinairement ce mode de procéder. Mais il est à remarquer que l'Église, comme autorité d'ordre supérieur, a toujours la voix prépondérante et que, dans l'interprétation des concordats, elle suit les règles suivantes.

Pemière règle. — Pour ce qui regarde l'interprétation des conventions, on doit rechercher qu'elle a été la commune intention des parties

contractantes plutôt que de s'arrêter au sens
littéral des termes, lorsque toutefois leur intention n'est pas clairement exprimée.

Deuxième règle. — Si une clause est suscepti-
ble de deux sens, on doit plutôt l'entendre dans
celui avec lequel elle peut avoir quelque effet.

Troisième règle. — Les termes équivoques
doivent être pris dans le sens qui convient le
mieux à la matière du contrat.

Quatrième règle. — On doit aussi suppléer
dans un contrat les clauses qui y sont d'usage,
quoiqu'elles n'y soient pas exprimées.

Cinquième règle. — Les différentes clauses
d'un contrat s'interprètent les unes par les
autres, en donnant à chacune le sens qui résulte
de l'acte entier.

Sixième règle. — Dans le doute, *la convention
s'interprète en faveur de celui qui a contracté l'o-
bligation.*

Septième règle. — Dans l'interprétation du
concordat on tient aussi compte de l'usage et
de l'avis des doctes.

Huitième règle. — Le concordat est de *stricte*
interprétation, c'est-à-dire qu'il doit être pris

dans le sens qui déroge le moins au droit commun ecclésiastique. La volonté du législateur contractant est toujours présumée contraire à ce qui est opposé au droit existant.

La question de la lettre et de l'esprit du pacte concordataire a provoqué en France une ardente polémique. Quelques-uns veulent l'application du concordat et quant à la lettre et quant à l'esprit ; or, cet esprit est découvert par l'usage et l'avis des doctes. D'autres veulent l'application du concordat seulement quant à la lettre. Il est évident que ceux-ci sont dans l'erreur ; mais leur erreur vient surtout de ce qu'ils considèrent le concordat comme une concession faite par l'État à l'Église.

D'ailleurs cette erreur n'est pas la seule qui ait cours sur le pacte concordataire. Le prince, disent les uns, ne peut aliéner son indépendance par un contrat qui l'oblige vis-à-vis de l'Église ; on ne peut, disent les autres, assimiler les concordats aux *traités internationaux* qui visent les relations extérieures d'état à état, tandis que les concordats regardent les affaires intérieures et les citoyens. D'autres disent aussi : « lorsque la forme du gouvernement change, les contractants ne sont plus les mêmes et partant l'obligation cesse d'exister; » ou bien « le concile du Vatican en proclamant l'infaillibilité du pape, a changé les conditions du concordat et partant l'obligation a cessé ; » d'autres enfin veulent rompre le concordat et établir pour principe des relations entre le pouvoir spirituel et le pouvoir séculier le principe : « l'Église libre et dans l'État libre » et par l'abrogation du concordat, ils entendent séparer l'Église de l'État.

Pour répondre à ces difficultés, nous emploierons les arguments *ad hominem*. (1). Nous devons d'abord remarquer que le concordat peut exister entre l'Église et un gouvernement catholique, ou bien entre l'Église et un gouvernement, qui, refusant d'admettre les principes catholiques, se montre indifférent et quelquefois athée. Dans cette hypothèse comme dans la première, le gouvernement est obligé d'observer le concordat.

1. C'est-à-dire qui s'appuyent sur l'hypothèse même de l'adversaire.

En effet, si le gouvernement, comme il doit le faire, demeure subordonné à l'Église, il ne peut se délier d'une obligation qu'il a contractée à un nouveau titre. Dans l'hypothèse contraire, le pouvoir civil a intérêt à voir clairement définies par un acte concordataire les limites du pouvoir spirituel, dont il refuse d'admettre l'infaillibilité. Avec une puissance qui exerce son autorité sur les consciences, il vaut mieux pour l'État vivre en paix qu'être en guerre.

Si maintenant le gouvernement ne voit dans l'Église qu'une société imparfaite semblable à une association commerciale, pour être logique, pour respecter la liberté de pensée, il doit observer un traité qui garantit aux citoyens catholiques cette liberté. Donc, même en admettant les principes des adversaires, on est obligé de reconnaître que l'État peut s'obliger par un concordat, comme il s'oblige par des traités internationaux.

On dira que ces derniers ont pour objet les relations extérieures, tandis que le concordat concerne le régime intérieur de l'État.

Nous répondrons que les affaires qui sont l'objet des concordats sont en tant que religieuses distinctes de celles du pouvoir civil. Les sujets de l'Église et de l'État sont les mêmes personnes, mais elles ne sont pas soumises au même titre à l'une et à l'autre autorité. L'objet du concordat n'est pas le même que l'objet du pouvoir civil. En tant que catholiques, les citoyens ne sont pas soumis à l'État, mais à l'Église ; ils dépendent de l'autorité ecclésiastique qui est supérieure à l'autorité civile. Oui les concordats ne sont pas en tout assimilables aux traités internationaux, puisque les parties contractantes sont d'inégale autorité ; mais de là on ne peut conclure la dépendance de l'Église ; c'est au contraire l'État qui est subordonné. Lors même que le gouvernement serait athée, il devrait, pour être conséquent, reconnaître que les questions religieuses ne sont pas de sa compétence et qu'ainsi l'objet du concordat en tant que religieux est en dehors des affaires temporelles de l'État.

Ceux qui veulent trouver des prétextes pour rompre le Concordat, disent encore : « le Concile du Vatican en proclamant l'infaillibilité du Pape, a changé les conditions des concordats antérieurement conclus. Donc ceux-ci ont cessé d'obliger les états. »

Nullement, car la doctrine catholique n'a pas été changée par le décret du concile, mais elle a été proclamée et définie. Si l'on prétend que la forme du régime ecclésiastique a été modifiée par ce décret, nous répondrons que le Saint Siège avec qui le concordat a été conclu n'a subi aucun amoindrissement dans sa suprématie et que même s'il avait subi quelque changement, le concordat obligerait néanmoins le pouvoir civil. C'est un principe que les traités internationaux ne sont pas annulés par un changement de forme dans les gouvernements. Le pouvoir en effet représente la société. Or la société demeure, quelle que soit la forme du gouvernement ; le pouvoir social demeure toujours le même en substance. Ce principe a encore son application, lorsque le gouvernement qui contracte est un gouvernement de fait et non de droit.

Mais diront encore les adversaires, le concor-

18.

dat peut devenir nuisible à l'État ; celui-ci peut donc le rompre.

Les catholiques qui admettent la prééminence des intérêts spirituels sur les intérêts temporels n'ont pas de difficulté pour répondre à cette objection. Les concordats ne peuvent être cassés pour un motif temporel par l'autorité civile ; mais celle-ci doit avoir recours au Saint Siège qui verra si l'on peut pourvoir aux intérêts spirituels d'une autre manière ; dans le cas où cela sera possible, il modifiera le concordat ; s'il est question d'une véritable utilité temporelle, on trouvera toujours quelque tempérament ; s'il s'agit, au contraire, d'un détriment temporel nécessaire pour le bien spirituel, il faudra le supporter et le concordat demeurera dans sa vigueur.

Mais cette solution ne peut satisfaire les gouvernements incrédules ; on doit donc se contenter de leur répondre que les concordats comme les pactes internationaux doivent être modifiés d'un commun accord, en sauvegardant les intérêts communs et de chacun. Or la paix et surtout la paix religieuse est le plus grand de ces intérêts.

APPENDICE

DE LA PROPRIÉTÉ.

On aura, sans doute, été surpris de voir que dans notre cours de droit social naturel, nous n'avons point traité la question si actuelle « de la propriété. »

C'est que le principe de la propriété n'appartient pas au droit social, mais au droit individuel. Sans doute, par le fait que l'homme est destiné par nature à vivre en société, ses droits individuels ont des rapports inévitables avec le droit social, mais il n'en demeure pas moins vrai que la propriété est, en principe, un droit individuel.

La propriété est en effet antérieure à la société et se rapporte premièrement à l'individu.

Si la conservation de la race par le mariage est le principe fondamental de la vie sociale, la conservation de l'individu est la raison radicale et première de la propriété.

L'homme a en effet le droit de cueillir et par conséquent de cultiver et de semer ce qui est nécessaire à sa nourriture, à la conservation de son individu.

Comme la nature ne produit pas spontanément tout ce qui est nécessaire à l'homme, il doit forcer la nature par son travail et doit en recueillir les fruits.

Ces fruits du travail seront les uns consommés immédiatement, les autres réservés pour être employés, lorsque l'homme ne pourra plus, pour une raison ou l'autre, donner un travail suffisant.

Tel est le fondement de la propriété.

Comme d'ailleurs l'homme est destiné à vivre en famille et qu'alors il aura à subvenir non seulement à ses propres besoins, mais encore à ceux de ses enfants, le droit de propriété a secondairement un caractère social.

Il n'en demeure pas moins vrai qu'originairement et en principe la propriété est un droit individuel.

En envisageant ainsi la propriété, je crois qu'on ne peut nier sa légitimité et je crois qu'en fait personne ne la nie.

On a fait sur cette question de la propriété de regrettables confusions et, par suite, les socialistes sont tombés, d'une part, dans de pernicieuses erreurs, tandis que les défenseurs de la propriété ne leur ont opposé que des réfutations défectueuses.

En effet, autre est la question de la légitimité de la propriété; autre est la question de la division de la propriété. La première appartient au droit naturel individuel; les socialistes en ont fait une question de droit social. La seconde appartient, il est vrai, au droit social, mais pas précisément au droit naturel ; les adversaires du socialisme l'ont oublié.

En effet, le champ A est à Pierre, le champ B est à Paul. Ainsi que le fait observer saint Thomas, ce n'est pas la nature qui fait que le champ A appartient à Pierre ; il pourrait tout aussi bien appartenir à Paul, et Pierre pourrait être le propriétaire du champ B.

Il pourrait très bien se faire aussi que Pierre

et Paul soient co-propriétaires des deux champs réunis ; comme il pourrait se faire qu'un tiers les possède et que Pierre et Paul les cultivent pour lui.

Aucune de ces hypothèses n'est opposée à la nature ; la division de la propriété n'est donc pas à proprement parler de droit naturel.

Ce qui est de droit naturel et même de droit naturel social, c'est le principe que voici :

« *Les hommes doivent vivre en paix les uns avec les autres.* »

Or, c'est un fait d'expérience que la cohabitation pacifique est irréalisable, sans la division de la propriété.

De ce fait d'expérience, en me basant sur le principe de droit naturel, je tire une conclusion qui n'est pas de droit naturel, on le voit, mais de droit des gens.

C'est en effet le droit des gens qui établit les frontières nationales, les limites communales et tout d'abord les bornes de la propriété privée.

Quand nous combattons les socialistes, il est donc inutile de perdre le temps à-leur prouver

la légitimité de la propriété : ils l'admettent,
dès lors qu'au propriétaire particulier, ils veulent substituer le propriétaire collectif.

Ce qu'il faut leur démontrer, c'est que le système du propriétaire collectif est condamné par
l'expérience; il ne s'agit donc plus d'une question de droit naturel social, mais d'une question de droit des gens, ou d'économie sociale,
qui n'entre pas dans l'objet de notre cours.

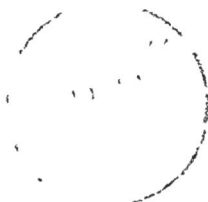

TABLE DES MATIÈRES

FIN DE LA TABLE

Imp. de l'Ouest, A. Nézan. — Mayenne.

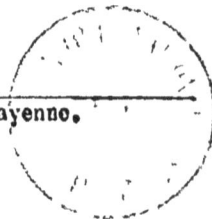

www.ingramcontent.com/pod-product-compliance
Lightning Source LLC
Chambersburg PA
CBHW060410200326
41518CB00009B/1316